U0959557

HUMANITIES AND SOCIETY

卢梭问题

Ernst Cassirer

[德国] 恩斯特 · 卡西勒 著 王春华 译

译林出版社

图书在版编目（CIP）数据

卢梭问题／（德）恩斯特·卡西勒著；王春华译．—南京：译林出版社，2022.2

（人文与社会译丛／刘东主编）

ISBN 978-7-5447-9034-5

Ⅰ.①卢… Ⅱ.①恩… ②王… Ⅲ.①卢梭(Rousseau, Jean Jacques 1712—1778) - 哲学思想
Ⅳ.①B565.26

中国版本图书馆 CIP 数据核字（2021）第 281118 号

卢梭问题 ［德国］恩斯特·卡西勒／著 王春华／译

责任编辑 王瑞琪
装帧设计 胡 苨
责任印制 单 莉

原文出版 Yale University Press, 1989
出版发行 译林出版社
地 址 南京市湖南路 1 号 A 楼
邮 箱 yilin@yilin.com
网 址 www.yilin.com
市场热线 025-86633278
排 版 南京展望文化发展有限公司
印 刷 江苏凤凰通达印刷有限公司
开 本 880 毫米 ×1230 毫米 1/32
印 张 5.375
插 页 2
版 次 2022 年 2 月第 1 版
印 次 2022 年 2 月第 1 次印刷
书 号 ISBN 978-7-5447-9034-5
定 价 39.00 元

版权所有 · 侵权必究

译林版图书若有印装错误可向出版社调换。质量热线：025-83658316

主编的话

刘　东

总算不负几年来的苦心——该为这套书写篇短序了。

此项翻译工程的缘起，先要追溯到自己内心的某些变化。虽说越来越惯于乡间的生活，每天只打一两通电话，但这种离群索居并不意味着我已修炼到了出家遁世的地步。毋宁说，坚守沉默少语的状态，倒是为了咬定问题不放，而且在当下的世道中，若还有哪路学说能引我出神，就不能只是玄妙得叫人着魔，还要有助于思入所属的社群。如此嘈嘈切切鼓荡难平的心气，或不免受了世事的恶刺激，不过也恰是这道底线，帮我部分摆脱了中西"精神分裂症"——至少我可以倚仗着中国文化的本根，去参验外缘的社会学说了，既然儒学作为一种本真的心向，正是要从对现世生活的终极肯定出发，把人间问题当成全部灵感的源头。

不宁惟是，这种从人文思入社会的诉求，还同国际学界的发展不期相合。擅长把捉非确定性问题的哲学，看来有点走出自我囿闭的低潮，而这又跟它把焦点对准了社会不无关系。现行通则的加速崩解和相互证伪，使得就算今后仍有普适的基准可言，也要有待于更加透辟的思力，正是在文明的此一根基处，批判的事业又有了用武之地。由此就决定了，尽管同在关注世俗的事务与规则，但跟既定框架内的策论不同，真正体现出人文关怀的社会学说，决不会是医头医脚式的小修小补，而必须以激进亢奋的姿态，去怀疑、颠覆和重估全部的价值预设。有意思的是，也许再没有哪个时代，会有这么多书生想要焕发制度智慧，这既凸显了文明的深层危机，又表达了超越的不竭潜力。

于是自然就想到翻译——把这些制度智慧引进汉语世界来。需要说明的是，尽管此类翻译向称严肃的学业，无论编者、译者还是读者，都会因其理论色彩和语言风格而备尝艰涩，但该工程却绝非寻常意义上的“纯学术”。此中辩谈的话题和学理，将会贴近我们的伦常日用，渗入我们的表象世界，改铸我们的公民文化，根本不容任何学院人垄断。同样，尽管这些选题大多分量厚重，且多为国外学府指定的必读书，也不必将其标榜为“新经典”。此类方生方成的思想实验，仍要应付尖刻的批判围攻，保持着知识创化时的紧张度，尚没有资格被当成享受保护的“老残遗产”。所以说白了：除非来此对话者早已功力尽失，这里就只有激活思想的马刺。

主持此类工程之烦难，足以让任何聪明人望而却步，大约也惟有愚钝如我者，才会在十年苦熬之余再作冯妇。然则晨钟暮鼓黄卷青灯中，毕竟尚有历代的高僧暗中相伴，他们和我声应气求，不甘心被宿命贬低为人类的亚种，遂把移译工作当成了日常功课，要以艰难的咀嚼咬穿文化的篱笆。师法着这些先烈，当初酝酿这套丛书时，我曾在哈佛费正清中心放胆讲道：“在作者、编者和读者间初步形成的这种‘良性循环’景象，作为整个社会多元分化进程的缩影，偏巧正跟我们的国运连在一起，如果我们至少眼下尚无理由否认，今后中国历史的主要变因之一，仍然在于大陆知识阶层的一念之中，那么我们就总还有权想象，在孔老夫子的故乡，中华民族其实就靠这么写着读着，而默默修持着自己的心念，而默默挑战着自身的极限！”惟愿认同此道者日众，则华夏一族虽历经劫难，终不致因我辈而沦为文化小国。

一九九九年六月于京郊溪翁庄

目　录

译者的话

对于中文世界的读者，恩斯特·卡西勒（Ernst Cassirer, 1874—1945）并不是一个陌生的名字。他的一些重要著作早已有中文译本面世，其中还颇有几本可以算得上是“学术畅销书”。此外，1929年他在瑞士达沃斯与海德格尔那场“华山论剑”式的高手对决也给人以深刻的印象。相形之下，《卢梭问题》这本小书就显得不那么引人瞩目了。

我最初知道此书，是在几年前读硕士的时候。导师彭刚先生要求我选择思想史上的一两位大人物来细读其本人著作以及后世的经典研究，在知道我把卢梭作为自己的首选之后，他当即推荐了斯塔罗宾斯基的《让—雅克·卢梭：澄澈与阻隔》和这本《卢梭问题》。两本书读完，让我见识了什么是第一流的研究。

卢梭的思想是否融贯一体，其中是否有某种“道”一以贯之？我们应该如何看待他诸多不同作品之间的“分歧”？卢梭的思想与他那复杂的人生经历之间有着什么样的联系？“自由”、“感觉”这些关键词在卢梭那里又有着怎样的特殊蕴涵？卡西勒在释读文献、解答此类问题时所展现出的精妙手法和思辨的力量让我叹服。在我看来，《卢梭问题》不仅是卢梭研究中绕不过去的精彩作品，而且在诸多以人物为中心的思想史研究中也堪称经典，对于同类研究极富启示意义。

毫无疑问，对于康德哲学的精湛研究滋养着卡西勒自己创建的哲学体系，而当我们看到他特特拈出“感觉”一词在卢梭那里的双重涵义，强调其主动性的一面时，也不禁会联想到卡西勒本人在哲学上的基本立场：在人类的一切文化领域，人心不仅起着调节作用，而且起着构造作用。我们也许可以说，卡西勒自己的哲学思想与他对卢梭的康德式解读之间也存在着一种内在的联系。

然而，这本《卢梭问题》是不是沾染上了太多康德哲学的色彩，卡西勒对卢梭的认识是不是也由此带上了太多的“后见之明”？这大概是个见仁见智的问题。看完本书之后，读者诸君当会有自己的见解。我私心以为，卡西勒的解读确实要比许多其他的说法更有解释力，更让人信服。而我在译完此书之后，再看到一些给卢梭贴上种种标签然后寻章摘句加以证明的研究著作，觉得真是高下立判。如果我们终究无法完全避免某种“成见”，终究非得带上某种“眼光”不可的话，我宁愿选择卡西勒这样高明的成见和眼光。或许，也正是于此类成见与眼光的观照之下，对某些重要问题的永恒思考才得以在一种较高的水平上延续不绝。

《卢梭问题》发表于1932年。此时，短命的魏玛共和国已经行将就木。越明年，希特勒成了德国总理，而身为犹太人的卡西勒则开始了一去不返的流亡生活。

导　言

> 应该通过人来研究社会，也经由社会来研究人：想把政治与道德割裂开来的人，对二者都将永远一无所知。*
>
> ——让—雅克·卢梭，《爱弥儿》

一

将近两个世纪以来，卢梭的哲学一直困扰着其解释者。试图解决它的批评家为数众多，而其中最伟大，却也是在很长时间里最为人所忽视的批评家之一，正是让—雅克·卢梭本人。在《忏悔录》中卢梭强调，从整体来看，他的著作展现出一种一致与融贯的哲学："《社会契约论》里的所有放胆之言此前已写在《论不平等》之中；《爱弥儿》里的所有放胆之言此前已写在《新爱洛漪丝》之中。"[1]他说，读者在其著作中

* 此处原文为法文："Il faut étudier la société par les hommes, et les hommes par la société: ceux qui voudront traiter séparément la politique et la morale n'entendront jamais rien à aucune des deux."——译注

① 《忏悔录》，第九卷，《全集》（*Confessions*, Livre ix, *Œuvres complètes*, Hachette ed., Paris, 1871—1877, VIII, 290—291）。也可参见《忏悔录》，第十二卷（Livre XII, Hachette ed., IX, 69, 70）。

发现的龃龉纯粹是表面上的。[1]这一信念对卢梭来说一定至关重要，在临近生命终点又一次反思其作品时他重申：他坚持认为，在其所有著作之中，都有“一大原则”显而易见。[2]

只有少数卢梭的解释者认真看待这个自我评估。而大多数批评家则在他的这部那部主要著作，或是在他一些熠熠生辉的隽语警句中
3 找寻，并自命找到了“卢梭的本质”。[3]更糟糕的是，卢梭的著作激发出迥然各异的诸多运动这一事实固然确凿无疑，但很多研究卢梭的学者据此就推断说，含混不清或自相矛盾是卢梭作品的特征，他们没有注意到，门徒们仅仅取其所需，从而歪曲了其导师的哲学，这乃是众所周知的趋势。很多思想家都因解释者而遭殃，但很少有像卢梭这般受罪的。他一而再、再而三地坚称自己的思想是一个整体，但互相冲突却同样言之凿凿的主张却掩盖了这种完整。

恩斯特·卡西勒的论文“论让—雅克·卢梭问题”（“Das Problem Jean Jacques Rousseau”）同意卢梭的论点，并力图提出对作为一个整体的卢梭作品的理解，以揭示出他思想的意义。要透彻理解卡西勒的成就之巨大，我们首先得简要叙述一下他这篇论文所要驳斥的对于卢梭的诸种解释。

---

① 《忏悔录》，第九卷（Hachette ed., VIII, 277n），此处他将《论不平等》那“严峻的语调与阴郁的气息”归于狄德罗的影响。

② 《卢梭审判让—雅克》，第三次对话（*Rousseau juge de Jean-Jacques*, Troisième Dialogue, Hachette ed., IX, 287）。

③ 古斯塔夫·朗松本人是卢梭的解释者中的一名领军人物，他提出了一些合情合理的解释原则：“要严肃认真地权衡文本的意义与重要性，要领会精神而非止于字面……不要用从作者思想中推演出来的结论来替换[作者的]思想……要赋予他的观念以恰如其分的意义。”“让—雅克·卢梭思想的统一性”，《让—雅克·卢梭学会年鉴》（“L’Unité de la pensée de Jean-Jacques Rousseau”, *Annales de la Société Jean-Jacques Rousseau*, VIII, 1912, 6）。

二

卢梭的诸多学说一直有着巨大的影响——它们在各种各样的精神和运动中都留下了印记。柏克将卢梭痛斥为理性时代(the Age of Reason)的化身。德·迈斯特和博纳尔(Bonald)谴责他是一种不负责任的个人主义的拥护者和倡导毁灭性混乱的哲学家。后来诸如亨利·梅因爵士之类的批评家抨击他立了一个“集体的暴君”,并在《社会契约论》中再次引荐了“身着新衣的老一套君权神授说”。①

卢梭门徒之间的相互矛盾与卢梭反对者之间的相互矛盾一样尖 4
锐。雅各宾派以他的名义建立起恐怖统治;德国浪漫主义者把他作为解放者歌颂;席勒将他描绘为殉身于智慧的烈士:

> 苏格拉底死在诡辩家手里,
> 卢梭受尽基督徒折磨而死,
> 卢梭——他要把基督徒改化成人。②

卢梭在18世纪最难缠的对手埃德蒙·柏克说得的确不错:“我相信,要是卢梭尚在人世,在他神志清醒的间隙,也会被其弟子的疯狂实践惊

① 《民治》(*Popular Government*, New York: Holt, 1886, pp.157, 160)。

② 席勒的“卢梭”(原文为德文:

“Sokrates ging unter durch Sophisten,
Rousseu leidet, Rousseau fällt durch Christen,
Rousseau—der aus Christen Menschen wirbt.”

译文引自《席勒诗选》,钱春绮译,人民文学出版社,1984,第5页。——译注)对卢梭之影响更为细致的讨论,见艾尔弗雷德·科班的《卢梭与现代国家》,第二章(*Rousseau and the Modern State*, London: Allen and Unwin, 1934)。

呆……”[1]

在卢梭不再是那场政治斗争的象征之后，各种解释之间的冲突也绝没有消弭。在革命与反动都烟消云散了很久以后，卢梭依旧因最为变化多端的理由而受人称颂或遭人责难。卡西勒的论文表明，这些分歧并不仅限于卢梭的政治理论。卢梭一会儿被称作理性主义者，一会儿又被称作非理性主义者；他的经济学被说成是社会主义的，又或是奠基于承认私有财产之上的；他的宗教被视为是自然神论的、天主教的或是新教的；他的道德学说被认为是清教徒式的，又或者是过于感情用事、宽松随便的。

然而，既然大多数评论者都将卢梭作为一个政治理论家看待，或是从政治哲学方面来评判其思想，那么在分析他的文献时，政治学范畴
5 将最为有用。有人说卢梭是个人主义者，有人说他是集体主义者，有人说他是自相矛盾的作家，还有人说他是在半路从个人主义转向了集体主义。

在卢梭去世后的头几十年间，反革命者，如德·迈斯特（对他来说卢梭是政治上不虔敬的典型），和激进派，如狂飙突进运动的代表们（他们盛赞卢梭是那即将来临的自由时代的预言家）都认为卢梭是个人主义的典范。荷尔德林称他为半神，并将据说是卢梭对法律羁绊的藐视，敷衍成汪洋恣肆的诗句。[2]

在针锋相对的观点流行之前，就已经有了这种将卢梭视为个人主

---

① 《法国大革命反思》(*Reflections of the Revolution in French*, in *Orations and Essays*, New York: Appleton, 1900, p.529)。

② 特别是荷尔德林的“自由颂”(Hymne an die Freiheit)，“人类颂”(Hymne an die Menschheit)，“卢梭”与“莱茵河”(Der Rhein)，在“莱茵河”当中，卢梭这位半神传达给人类的信息是一种天启，荷尔德林将这种天启的特征描述为gesetzlos，即无法律约束(lawless)。

义者的看法，而且这种看法也从未完全过时。[①]一些著名的法国评论者巧妙地为它进行了辩护。例如，埃米尔·法盖主张，“卢梭的一切都能在《论不平等》中找到。这固然是老生常谈……但我相信确实如此。”[②]而这部“人类的小说”（法盖这么叫它）有一个中心主题：人是善的，但置身于社会之中便开始变恶。法盖觉得不得不承认，《社会契约论》是“反自由的”，卢梭的政治思想中“没有一丁点儿自由或者安全”。[③]但他又辩解道：《社会契约论》“看似是卢梭著作中孤立的一部分”，并与“他的总体思路相抵触”。[④]卢梭的政治学说只不过是一个异数而已。 6
另一方面，《论不平等》中个人主义的想法，“那反社会的观念”[⑤]才是根本所在——它贯穿于几乎所有卢梭的著作之中，在《爱弥儿》里尤为显著。[⑥]

四分之一个世纪过后，亨利·塞经由不同的逻辑路径得出了相似的结论。他完全同意法盖，认为“激发卢梭写作《论不平等》的，是个人主义的、甚至近乎无政府主义的想法”。但他在以下这点与法盖分道扬镳：“在《社会契约论》中卢梭仍是个人主义者，虽然表面上恰恰相

① 参见科班，《卢梭与现代国家》，pp.33—43。C. E. 伏汉编辑出版其著名的《让—雅克·卢梭政治著作集》(*Political Writings of Jean Jacques Rousseau*, 2 vols.; Cambridge: Cambridge University Press, 1915）时，在导言（p.I）中说：“在我国，很少有人了解卢梭的著作；而理解它的人就更少了。《社会契约论》之名家喻户晓。但对大多数人来说，它意味着个人主义的一种极端形式。”

② 《18世纪》(*Dix-huitème siècle*, 43d ed., Paris: Société française d'imprimerie et de librairie, n. d., p.345）。

③ 《18世纪》，pp.401, 403。

④ 同上书，p.400。

⑤ 同上书，p.399。

⑥ 同上书，p.360—377, 400。

反。”[1] 卢梭政治学说的中心是要“确保个人充分发展其自由”。[2]因此塞的结论是:“我们面前的卢梭……是一名个人主义者和自由主义者。说他想要给予国家绝对的、富有侵犯性的权威是不合实情的。”[3]

相反的论点则认为卢梭是一个集体主义者,其最重要的源头很可能是丹纳的《旧制度》(*Ancien Régime*)一书。丹纳认为,法国大革命——其间“野蛮的暴力对激进的教条千依百顺,而……激进的教条也对野蛮的暴力言听计从”[4]——在很大程度上是对人类世界知之甚少的知识分子的作品。因此,这些知识分子一味沉溺于抽象的理论推导,最
7 终让法兰西人的头脑感染上了革命的念头。[5]丹纳将卢梭视为这些害人哲学家的宗师,这就使得对卢梭的批评又为之一变。他主张,卢梭想用他的政治学说来给法律和政府以致命的一击,结果却反倒不可避免地导致了暴政:“由群众来解释主权在民说,将会导致完全的无政府状态,直到改由统治者来解释,而这又将产生彻底的专制。”[6]在丹纳看来,卢梭的国家是一座“在俗之人的隐修院”(卡西勒也提到这一机智的说法),“卢梭照斯巴达和罗马的样式建起这座民主的隐修院,在其中个人

---

① 《18世纪法国政治思想的演变》(*L'Evolution de la pensée politique en France au XVIIIe siècle*, Paris: Marcel Giard, 1925, p.146)。

② 同上书。

③ 同上书,p.161。

④ 《当代法国之起源》,第一卷:《旧制度》(*Les Origines de la France contemporaine*, Vol. I: *L'Ancien Régime*, Paris: Hachette, 1896, p.521)。第一卷于1876年首次刊行。

⑤ 对丹纳扼要而犀利的批评,见埃德蒙·威尔逊(Edmund Wilson)的《到芬兰车站》(*To the Finland Station*, New York: Doubleday, 1953),p.44—54,以及亨利·佩尔“18世纪的观念对法国大革命的影响”,《现代欧洲的形成》(The Influence of Eighteenth Century Ideas on the French Revolution, in *The making of Modern Europe*, ed. by Herman Ausubel, New York: Dryden, 1951, I, 470—472)。丹纳对卢梭的批评可追溯至德·迈斯特和博纳尔。

⑥ 丹纳,《旧制度》,p.319。

微不足道，而国家就是一切”。[1]

现在，这种观点及与之相似的观点在研究文献中大行其道。[2]卡尔·波普尔将卢梭的思想说成是“浪漫的集体主义”[3]，欧内斯特·巴克爵士以为，“归根结底，卢梭事实上是一个极权主义者……就算将卢梭设想为完全是个民主主义者，他完美的民主依然是一种多元的独裁。”[4]在这些说法中丹纳的观点都隐约可闻。虽说不是全部，但今日许多卢梭的读者对于公意至高无上、人被迫自由以及公民宗教都铭记在心，而卢梭著作的其他内容却被抛诸脑后，他们是会对丹纳和巴克深表赞同的。实际上，现在时兴的是把卢梭视为一个极权主义者——或许是“民主的极权主义者”，但还是极权主义者。 8

三

除上述两种水火不容的解释之外，还有另两种观点可为补充：有人主张，他的学说因其内在的矛盾而含混不清、支离破碎；也有人以为，在发展、阐释这些学说时，它们从一个极端跳到了另一个极端。法盖将《社会契约论》中他所以为的集体主义意蕴一笔勾销，从而确保他能将卢梭解释为个人主义者。巴克在一阵踌躇之后，把卢梭归入集体主义者，但他坦言，在卢梭的思想中无法找到一个真正的核心：“你是左派也好（特别是左派中的左派），是右派也罢（特别是右派中的右派），在卢梭

① 丹纳，《旧制度》，pp.323, 321。

② 科班说，“实际上，所有现代关于卢梭的文学批评都源自”丹纳。《卢梭与现代国家》，p.40。

③ K. R. 波普尔，《开放社会及其敌人》（K. R. Popper, *The Open Society and its Enemies*, London: Routledge, 1945, II, 50）。

④ 《社会契约论》导言（Introduction to *The Social Contract*, New York: Oxford University Press, 1948, p.xxxviii）。

那里都能找到你自己的教条。”[1]

此前很久，约翰·莫利对下面这一点更为强调。他指责卢梭无视证据的来源——历史与经验，而这恰恰是一个完善的社会学说的根基所在。他嘲笑卢梭“性情狭隘、分裂、急躁”，而“《社会契约论》的假设荒唐透顶”[2]。他追随着柏克，把卢梭描绘为“典型的经院哲学家”，“自以为术语分析是获取关于事物新知的唯一正确途径”，却“错把成倍翻
9 番的命题当作是新发现的真理”。[3]莫利最后总结：“《社会契约论》中的许多篇章不过是文字定义的逻辑推演而已，稍作一点直面事实的努力，都会证明其不仅毫无价值，而且全无意义……”[4]

这种认为卢梭“含混不清”的看法也广为流行，尽管持此观点的批评家自己也拿不定主意：之所以说卢梭的学说一钱不值，到底是因为它源自演绎、抽象的逻辑，还是因为像欧文·白璧德说的那样，卢梭被缺乏条理和浪漫多情引入歧途。

对于卢梭思想的这种态度部分地被C. E.伏汉的著作所抵消，开采卢梭政治学说那一富矿的所有人都深受这位学者的恩惠。在多年收集、校勘尽可能多的手稿之后，伏汉于1915年刊行了卢梭政治著作的定本，并加上了一篇颇有分量的导言。他那扎扎实实的两卷本著作影响巨大——有如此影响完全在情理之中。与之后的卡西勒一样，伏汉将卢梭的思想视为一个急需解决的问题，而不是只供陈列的教条：“用《社会契约论》中的开头几页来抨击《论不平等》，那卢梭的‘个人主义’将被看作只不过是个神话。”[5]《论不平等》“即便没有直言，也暗示了一种

① 《社会契约论》，p.xxxix。

② 莫利，《卢梭》（*Rousseau*, London: Chapman and Hall, 1873, II, 126, 134）。

③ 同前，II，135。莫利甚至都不愿承认卢梭在运用经院哲学的方式时技艺娴熟：“卢梭思考时往往马马虎虎、不甚严谨。”同前，I，192。

④ 同前，II，135。

⑤ 《让—雅克·卢梭政治著作集》，I，2。

比此前任何作家胆敢论述的更为极端的个人主义”①,而《社会契约论》开头的契约则“构成了通往一种人类所构想过的最为绝对的集体主义之门径”。②要调和卢梭政治思想中这两股并行的线索也不容易:“尽管人们已竭尽所能,但这两种对立的元素,即个体与共同体,还是彼此不那么合得来,好像互相之间有掩饰不住的敌意。”③

伏汉认为,解释卢梭的主要任务便是说明或者解决这一冲突,对此 10
他自己分别提出了三种不同的解释。第一,他主张早期的两篇论文*基本合乎道德,它们写得偏激,针对的是现存之恶。④这种解释为以下做法开了先河:后来如卡西勒和查尔斯·W.亨德尔这样的批评家视卢梭在根本上是一个道德家,以克服其思想中的所谓矛盾。第二,伏汉将人们的注意力引向卢梭的抽象思想与具体思想之间的冲突。前者来自洛克和柏拉图,这使得卢梭的说法偏激而绝对;后者来自孟德斯鸠,这让他断定,生活从不轮廓分明,而原则要被环境所修正。伏汉发现,卢梭的著作越来越关注具体,这种关注在《社会契约论》的后面几章中占了上风,而在他最后的几部政治著作,特别是《山中书简》(*Lettres écrites de la montagne*)和《波兰政府》(*Gouvernement de Pologne*)中这种关注已经完全居于主导地位。⑤

而伏汉的第三种解释要重要得多:必须将卢梭在思想上的成果理

① 《让—雅克·卢梭政治著作集》,I,119。

② 同上书,I,39。

③ 同上书,I,5。

* 第一篇论文即《论科学与艺术》,第二篇论文即《论不平等的起源与基础》。——译注

④ 《让—雅克·卢梭政治著作集》,I,7,14。

⑤ 同上书,I,77—78。这种解释不能令人满意。诚然,卢梭没有在抽象的普遍原则与具体的表现之间做出明确的区分,这一点有助于说明他为何倾向于通过限定条件来取消原来确立的无所不包的概括:但这一倾向在他的所有著作中都能找到,要解释那所谓的矛盾,这种倾向还不够有分量。

解为一段从个人主义成长为集体主义的历程。

> 把卢梭的政治著作当作一个整体来看，它便呈现出从一个立场转向几乎是其对立面的一种不间断的变动。卢梭一开始鼓吹的是能够想得到的最抽象意义上的自由。在第二篇论文中，它的理想状
> 11 态是每个个体都绝对独立于其余部分……《社会契约论》除了开篇的那几句话外，反映了一种非常不一样的——无疑不那么抽象，也不那么个人主义的——想法。在此处，自由不再被认为是个体的独立，而是应在个体全身心地忘我于为国家效劳之中去寻求……
>
> 虽然一点也不显山露水，但语气和文风却全然变了……（在最后的几部政治著作中），第二篇论文抽象的个人主义和《社会契约论》抽象的集体主义都同样被忘却了……这一漫长的历程终于结束。卢梭现在正站在其出发点的对立处。[①]

伏汉版功不可没，但这也不应让我们对其瑕疵视而不见。伏汉声称在卢梭那里发现的缺陷——言过其实和游移不定的倾向——也奇怪地出现在他自己的著作之中。他只是在难得的灵光一闪之中，才对卢梭思想的整体性有所洞察。[②]而且，伏汉将自己局限于

---

① 《让—雅克·卢梭政治著作集》，I，80—81。虽然从表面上看，这种解释与丹纳的"从绝对的自由走向绝对的专制"有些相像，但我们还是应与之区分开来。伏汉将卢梭的变化归于时间的推移，而丹纳将之视为内在于卢梭学说之中的逻辑发展。虽然伏汉将卢梭称为是个人主义"最强有力的攻击者"（同前，I，1），但他远非紧随丹纳将卢梭描绘为专制主义的拥护者。

② 譬如，伏汉写道："如果卢梭颂扬政府，而且颂扬得有些过了头，以至于付出牺牲个人的代价，那我们不应忘记，他心目中的政府是何种性质。"同前，I，112。后来E. H. 赖特与卡西勒坚持认为，卢梭思想之统一性的一条重要线索就在于他赋予"自然"特别的含义。他们认为，卢梭的确在颂扬政府，但他这样做只是对于政府有一种十分特殊的理解，这种政府不会滥用自己的至高权力，而它还未曾存在过。在伏汉那里，这种想法从来只是些零星念头，而未有充分发展。

卢梭的**政治**著作，他强调了卢梭的思想的一个方面，却付出了不及其余的代价，这就不可能理解卢梭思想的意义。卢梭确是一名政治理论家，并且是一名伟大的政治理论家。但这只能让我们更有理由来仔细研读《爱弥儿》、《新爱洛漪丝》和《忏悔录》——这些书阐 12
明并且很好地平衡了卢梭的政治哲学。伏汉版无意之中表明，任何想要理解卢梭的批评家都必须超越政治范畴，并将其著作看成一个整体。

四

卢梭研究中的观点多种多样，这也不能全都怪罪于解释者。卡西勒认为，卢梭实际上既非含混不清，也不前后矛盾，倘若卡西勒这么讲不错的话，我们就可以得出结论说，与其后的尼采一样，卢梭易于招致误解。为什么会这样？

关于卢梭，大卫·休谟在1766年写道："他的著作里确实满是夸诞之辞，我无法相信单凭滔滔雄辩就能支撑起他的著作。"[①]但是，给评论者造成困难的，正是卢梭的雄辩，而不是他的夸诞。卢梭不幸成为那些欢快语句的创作者。这些语句放在上下文中阅读时，通常能被其所嵌入的论述阐述明白。而脱离了上下文，其言辞上的感染力就掩盖了它们仅仅是只言片语这一事实。被当作口号来使用时，它们就歪曲了或者完全破坏了卢梭的本意。

卢梭著作里的三个例子能让我们充分体味到，亨利·佩尔采用阿尔弗雷德·富耶的说法，称之为"核心观念"（idées-forces）[②]的东西是怎

① J. Y. T.格雷格编，《大卫·休谟书信集》(J. Y. T. Greig, ed, *The Letters of David Hume*, Oxford: Clarendon Press, 1932, II, 103)。

② "18世纪的观念对法国大革命的影响"，《现代欧洲的形成》，I，484。

么回事。人们一再援引“沉思的人是败坏的动物”，[1]来证明卢梭蔑视思想与理性。“人是生而自由的，但却无往不在枷锁之中。”[2]这句话被误以为是给极端个人主义唱赞歌的开头；无怪乎照字面理解这一说法
13 的读者会对《社会契约论》后面的内容大失所望。人们还断定，“所以我们首先要把一切事实抛开，因为它们与这个问题毫不相干。”[3]表明了卢梭对经验证据不感兴趣，他所偏好的，是因无视甚至藐视事实真相而得来的抽象命题。

谨慎小心并且满怀同情地阅读卢梭的所有作品，将会除去诸如此类的句子所引起的障碍，但卢梭很少有这样的读者。关于墓志铭，塞缪尔·约翰逊曾这样说过：“镌刻的铭文并非是人们的誓言。”卢梭读者也应心存类似的警惕。卢梭本人认识到他强烈的个人风格会给读者造成困难，他在给达皮奈夫人（Madame d'Epinay）的一封信中谈到自己的书信用语时写道：“如果您希望我们能互相理解，我的好朋友，那就要对我的遣词造句更加用心。相信我，我的语词很少是那通常上的意义；与您交谈的，一直是我的心，有一天您也许会明白，它不像别人那样说话。”[4]

将许多解释者引入歧途的不光是卢梭的风格。引起误解的另一个根源是卢梭的生平让其解释者的想象力和批评能力走火入魔。拜伦称

---

① 《论不平等》（*Première Partie*, Hachette ed, I, 87）。（此处原文为法文：“L'homme qui médite est un animal dépravé.”——译注）

② 《社会契约论》，第一章开篇第一句。（此处原文为法文：“L'homme est né libre, et partout il est dans les fers.”译文引自《社会契约论》，何兆武译，商务印书馆，2003，第4页，注释1。——译注）

③ 《论不平等》，第一部分（Hachette ed., I, 83）。（此处原文为法文：“Commençons donc par écarter tous les faits, car ils ne touchent point à la question.”——译注）

④ 泰奥菲勒·迪富尔编，《卢梭书信全集》，1756年3月（Théophile Dufour, ed., *Correspondance générale de J.-J. Rousseau*, Paris: Colin, 1924—1934, II, 266）。参见下文，pp.127—128。

他为“自我折磨的诡辩家,狂野的卢梭”。

> 这鼓吹痛苦的人,他给
> 激情施了魔法,并从困苦
> 中挤出势不可挡的滔滔雄辩……① 14

许多卢梭的评论者禁不住诱惑,使“这鼓吹痛苦的人”的哲学沦为只不过是其经历的反映,或者更确切地说,是卢梭对自己这些经历之曲解的反映。卡西勒在写下面这段话的时候,心中所想的正是这类批评:“在研究卢梭的文献当中,有些人们耳熟能详的著作,给予我们的不是那个人的作品,而几乎只是那个人,这些著作只在卢梭的内心斗争与分裂,在他内在矛盾之中去描绘他。此处,思想史有消失于传记的危险,而传记看上去只是一份病历。”②

诚然,追根溯源的解释、人物传记的取径能让我们深入了解一个作家的动机,并有助于探寻其学说的个人或社会渊源。这有助于解释为何作者著有某本书,为何他持有某些信念,但是其学说的客观有效性并不受著书立说者个人历史的影响。卢梭坦言将五个亲生子女弃于育婴堂这一事实,并不能影响《爱弥儿》中教育方案的价值。他在与百科全书派的争吵中偏执多疑,这些争吵可以说明他发表《社会契约论》的动机,但却不能使他政治学说的逻辑无效(或是有所改进)。许多卢梭的批评家都无视这些解释的准则。譬如,F. J. C.赫恩肖写道:“卢梭的著作与其生平结合得……如此紧密,不对他奇谲而非凡的一生有细致入

① 《恰尔德·哈洛尔德游记》,第三篇,第七十七节(*Childe Harold's Pilgrimage*, Canto the Third, stanza LXXVII)。

② 《卢梭,康德,歌德》(*Rousseau, Kant, Goethe*, Princeton: University Press, 1947, p.58)。在这一段的注脚中,卡西勒称欧文·白璧德就犯了这个毛病。

微的了解，就不可能理解那些著作。”[1]有了这种说法作支撑，他便将卢梭的一生分为五个时期：不规矩的男孩、超级流浪者、涉世之初、灵感迸发的疯子和被追捕的逃亡者。[2]免去了对卢梭本意必要的、严肃的理解，赫恩肖就能用下面这段话来概括最伟大的政治理论家中的一员：“他是个没有体系的理论家，在形式逻辑方面缺乏训练。他泛观博览，无书不读，然而消化能力欠佳。他是个感情用事的狂热者，说话不经大脑。他是个不负责任的作家，却拥有写作隽语警句的天纵之才。”[3]

这种理解的路数被欧文·白璧德推到了极致。他的《卢梭与浪漫主义》（*Rousseau and Romanticism*）通篇都对卢梭大加鞭挞，这本书滑稽可笑地说明，只关注传记，就好似一瘸一拐、跛足而行。“卢梭对18世纪的巴黎怀恨在心，很大程度上是由于他年少时没有养成本来可能让他符合巴黎风气的习惯。”卢梭对于18世纪社交界的犀利批判就被白璧德这样给打发了。“相信人性的善良，就是不断怂恿逃避道德责任。”卢梭对神义论问题的解决也被这样一笔抹煞。他还轻蔑地将卢梭关于爱情的说法与其实际情况对比一番：前者让他想起了“中世纪骑士对其贵妇人的膜拜”；而后者呢，“理想就此打住，现实是泰蕾丝·勒瓦瑟[*]”。[4]

很显然，一个如此瞎用传记方法的批评家不大可能正确表现他所鄙夷的思想家的生平故事。白璧德对卢梭的学说的误解之彻底一贯，真是惊人：“卢梭……眼中，一切内在、外在的束缚都与自由格格不

① “卢梭”，F. J. C.赫恩肖编，《理性时代法国大思想家的社会与政治思想》（F. J.C. Hearnshaw, ed., *The Social and Political Ideas of some Great French Thinkers of the Age of Reason*, London: Harrap, 1930, p.172）。

② 《理性时代法国大思想家的社会与政治思想》，pp.173, 175, 176, 178, 183。也可参见丹纳在《旧制度》中对卢梭的耸人听闻的描绘。

③ 赫恩肖，“卢梭”，pp.185—186。

* 泰蕾丝·勒瓦瑟（Thérèse Levasseur）是卢梭的妻子。——译注

④ 《卢梭与浪漫主义》（*Rousseau and Romanticism*, Boston: Houghton, Mifflin, 1919, pp.174, 155, 221, 220）。

入。”“他的方案实际上就等同于放纵那无边无垠而又捉摸不定的欲 16
望。”“人们能从卢梭那里学到的本领，是沦落到理性层面之下的那种本能的地步，而不是力争达到理性层面之上的那种洞察的境界。”①

五

大约在本世纪初的时候*，有一小批学者开始回到作为一个整体的卢梭著作中去，并从其中得出，卢梭的思想基本上是一致的。这些批评家并非对卢梭的个人主义或者集体主义这个问题丧失了兴趣，但是这些政治学范畴已不再是他们瞩目的中心。相反，他们寻求开拓解释的视野。他们不否认卢梭的许多说法自相矛盾，但他们和卢梭一样，认为这些自相矛盾并不损害其根本上的融贯一致。为寻求卢梭那“一大原则”作出最为卓著贡献的，是古斯塔夫·朗松、E. H.赖特，还有1932年的恩斯特·卡西勒。②

朗松写过一部著名的法国文学史，他将卢梭描绘为一名个人主义者。③但他完全赞同E. H.赖特，认为这并不是卢梭思想统一性的关键所在。赖特对《社会契约论》曾有一句鞭辟入里的评论：“无论个人主义还是绝对主义，都非本书所欲为。”④这句话同样可以用作赖特和朗

① 《卢梭与浪漫主义》，pp.377—378, 79, 154。

* 指20世纪初。——译注

② 卡西勒还提到了其他一些主张卢梭思想具有统一性的作家。参见下文，p.53。我们还应该加上哈拉尔德·赫夫丁（Harald Höffding）的《卢梭及其哲学》（*Rousseau und seine Philosophie*, Stuttgart: Frommann, 1897）和科尔（G. D. H. Cole）给《社会契约论及两篇论文》（*The Social Contract and Discourses*, London: Dent, 1913）作的导言。

③ 《法国文学史》（*Histoire de la littérature française*, 8th ed., Paris: Hachette, 1903, p.775）。

④ E. H.赖特，《卢梭的意义》（E. H. Wright, *The Meaning of Rousseau*, London: Oxford University Press, 1929, p.103）。

松评估卢梭全部作品时的点睛之笔。对于朗松的观点至关重要的，是
17 卢梭自己对其“大原则”的说法，这一原则在《爱弥儿》的开篇第一句话就说得明明白白，它也蕴含于卢梭的所有著作之中，并在《卢梭审判让—雅克》中再次出现：“自然让人曾经是多么幸福而良善，而社会却使人是那样败坏而悲惨。”[1]朗松认为，这条原则是卢梭哲学的关键：《论不平等》告诉我们，社会在本质上的恶是不平等，而不平等并非自然注定——是富有和贫困制造出了这种不平等。[2]《社会契约论》就是这条原则的例证，同时它也表明了卢梭一直坚持的另一条原则：“人性往而不返。”[3]自然人无法脱离社会，而是必须重新创造社会以重新创造自身。这样，接下来《爱弥儿》中的教育方案也就顺理成章了：它简要地描述了“拥有文明人一切优点，却不沾染其一丝邪恶……的自然人”[4]的成长过程。《新爱洛漪丝》进一步丰富了同一主题的细节：它确立了人与人之间肉体关系上合乎道德的价值观，没有这种价值观，无论是个人还是社会，都不能有真正的善。最后，卢梭在“萨瓦牧师的信仰自白”（“Profession de foi du vicaire savoyard”）中将上帝也归入自己的体系：上帝让人类是善的，并将道德的力量植入人之中，以制伏一个并非按照自然原则建立起来的社会的恶。朗松主张，卢梭哲学的各个部分就这样合为一体，互为支撑，居于其中心的学说，是相信人类能够将自己转化为善良社会中的善良公民，卢梭之洞见的一切威力正是源自这一中心。[5]

---

① 第三次对话（Hachette ed., IX, 287）。（此处原文为法文：“Que la nature a fait l’homme heureux et bon, mais que la société le déprave et le rend misérable.”——译注）参见朗松《法国文学史》，p.769。参见下文，p.54。

② 《法国文学史》，p.771。

③ 《卢梭审判让—雅克》，第三次对话（Hachette ed., IX, 287）。（此处原文为法文：“La nature humaine ne rétrograde pas.”——译注）参见朗松，《法国文学史》，p.769。

④ 同上书，p.773。

⑤ 《卢梭审判让—雅克》，pp.774—775。

在卢梭诞辰两百周年，也就是1912年的时候，朗松发表了一篇论述卢梭思想统一性的重要论文，重申了自己的立场：我们的确能够发现 18
卢梭作品的细节之间互相矛盾，要是愿意的话，我们也可以指出其学说与生活之间有着无法逾越的鸿沟，但是他思想的大方向却清晰明白、始终如一。朗松认为，卢梭的问题乃是："文明人怎样才能不返回自然状态，也不抛弃社会状态中的便利，就重新获得那如此天真幸福的自然人才有的好处？在这一问题的观照下，卢梭的所有著作就都可以被我们完全理解了。"[①] 早期的两篇论文反对一切迄今为止存在的社会，并揭露了这些社会的邪恶；《爱弥儿》和《新爱洛漪丝》指出了在个人道德、家庭关系和教育的领域内改造个体的方式；后期的政治著作勾画出那种善良的人能在其中适得其所的社会。卡西勒完全赞同朗松的方法，赞同他严厉批评那些"把卢梭的每部作品都简化为一个简单而绝对的程式"的解释者，卡西勒也同他一样认为，卢梭的体系是"在其生活状态中发展起来的一种活生生的思想，面对外在环境的一切变换与骚动，它都无所遁形"。[②]

卡西勒论文的另一个卓越的先驱者是《卢梭的意义》（*The Meaning of Rousseau*）一书，作者E. H.赖特不辞辛劳，仔细阅读了有关卢梭的一切。让赖特大吃一惊的是，迟至1928年，"都没有一部英语作品，并且只有极少数不管什么语言的作品"力图弄清楚卢梭想要说的是什么。[③] 他自己的方法——与此前的朗松和之后的卡西勒相像——直截了当："在努力弄清楚他的学说时，我试图把他所有著作拿来一块儿思考。如果我错了，请通过诉诸他的所有言说，而不是偶尔闪现的一处矛盾来指 19

① "让—雅克·卢梭思想的统一性"，《让—雅克·卢梭学会年鉴》，VIII（1912），16。

② 《让—雅克·卢梭学会年鉴》，pp.3, 7。

③ 《卢梭的意义》，p.v。

出我的错误。”①

赖特在“天性”*之中找到了卢梭潜在的观念，但这里的天性却并非是用通常的方式来解释的。②赖特说：“必须通过人类的理性，按照人类天性的样子来使人类得以完善，这一根本观念贯穿卢梭的所有著作，并赋予其本质上的统一性。”③于是，在讨论自然人、自然教育、自然社会和自然宗教的章节中，赖特详细阐述了卢梭的学说。自然人认识到：“自然是对的。”但这并不意味着他一定得是野兽或野蛮人。理性与良心也是人类天性的一部分——而且确乎是他较好的那部分。这也不意味着他必须拒斥艺术与文明：“扩展了我们的所有艺术都是对的，而扭曲我们的艺术则都不对。”理性的任务便是向人类指明，在人发展的某个阶段中，哪些对他来说是自然的；自由的任务便是使他能够做他应做之事。只有当我们遵守法律时，自由才有意义，但我们赞同这法律是出于自愿，因为我们认识到它是合乎理性的：“当我们的意志自发地具有原则时，我们就会了解那终极的自由。”④

自然教育的作用是防止制造出小暴君或小奴隶。我们一定要让孩子为他自己找到其自身能力的边界；我们一定要等他长大到拥有理性

① 《卢梭的意义》，p.vi。

* 在本书中，“nature”一词视语境译为“天性”、“自然”或“性质”。——译注

② 赖特强调卢梭关于自然的概念，这在卢梭批评史上是一件大事。17世纪之后，随着科学的和物质主义的观点越来越深入人心，自然的概念也一直在持续转变。科学家将自然界定为人类必须要理解的符合规律的外部世界；物质主义者视自然为人类一定要加以利用的宝库；卢梭将自然理解为“活生生的自然”，席勒称之为有生命的自然（beseelte Natur）——这是一种人类参与其间或为人类所渴望的道德力量。卢梭的概念因此包含了潜能这一观念。参见席勒于1795年发表的重要文章“论素朴的诗与感伤的诗”（Über naïve und sentimentalische Dichtung, *Sämtliche Werke*, Leipzig: Tempel Verlag, n.d., IV, 357—461）。

③ 《卢梭的意义》，p.32。

④ 《卢梭的意义》，pp.7, 24, 29。赖特已经认识到康德的伦理学与卢梭的伦理学之间有着紧密的联系，后来卡西勒对此问题详加论述。

的时候才晓之以理——这是创造出自然人的唯一途径。卢梭的政治理 20
论——自然社会的理论——延续了这一主题。像现在这样的人类是不适合自由的。必须使他们适合自由，他们必须给自己创造出一个能使他们适合自由的国家："如果说公民必须造就国家，那么国家反过来也必须造就那些公民。"①赖特的立场可以用一句话来概括：卢梭反对将孩童当作成人，也反对将成人当作孩童。

最后，自然宗教是卢梭思想的合乎逻辑的产物。它的目标乃是通过完全与感情相符地、自然地运用理性，而不是通过论辩与仪式来了解上帝。"自然宗教……是将要有所发展的最新宗教，也是所有其他宗教的唯一继承者……自然人不是我们最早的野蛮远祖，而是最后的人，我们正走在成为这最后的人的旅途之中。"②

六

以上就是卡西勒在发表其论文"卢梭问题"时，有关卢梭的研究文献的大致情况。卡西勒是杰出的观念史家和专业的哲学家，也是一名新康德主义者，这两者结合在一起使他成为解释卢梭著作的理想人选。③就像卡西勒所乐于指出的那样，在18世纪卢梭的读者之中，几乎只有康德一人是因为卢梭那真正的而不是号称的美德才青睐他。④卢梭的哲学极大地丰富了康德的伦理思辨，而卡西勒则进一步发展了
在康德那里已隐约可见的线索，即卢梭的关键在于他的理性主义的 21

① 《卢梭的意义》，p.112。

② 同上书，p.164。

③ 见《恩斯特·卡西勒的哲学》(*The Philosophy of Ernst Cassirer*, Evanston: The Library of Living Philosophers, 1949)，特别参见詹姆斯·古特曼(James Gutmann)，"卡西勒的人文主义"(Cassirer's Humanism)，pp.445—464。

④ 参见下文，p.58，及卡西勒的《卢梭，康德，歌德》中的"康德和卢梭"。

自由观。

在讨论卢梭的文章里，卡西勒精彩绝伦地展示了**理解**（Verstehen）的批评方法，他认为，批评家领会哲学家著作的过程要以搜寻充满活力的思想中心为起点。[①]批评家不能将哲学家的诸多学说看作是一连串各不相关的立场，而是应将之视为同一观点的不同方面。因此，批评家必须有移情的天赋：他必须满怀同情地进入——更确切地说，是重新复活——那位思想家的观念世界。而且，就算批评家不为别人也要为了自己，去发挥想象力以再造出哲学家著书立说和与人辩难时的环境。

历史学与哲学就这样交织在一起，难解难分；如果解释者使自己沉浸于卢梭的世界，他就不会误把卢梭对“文化”的抨击当作是对一切文明的进攻，而是会将之视为对巴黎社交界所代表的那种文明的批判，这样来看才是对的。与此同时，他也不会沉溺于阅读卢梭的诸多学说不能自拔，而其他解释者则从这些学说中汲取所有可能的结果。**理解**只能是由内而外的过程。卡西勒对自己的历史哲学之取径的说法，即他的“目标不（是）记录和描述干巴巴的结果，而是阐明那内在的形成性的力量”[②]，当然也同样适用于他的卢梭研究。

一旦我们理解了卡西勒的这种观点，他对传记的精妙运用也就变得更为清晰了。卡西勒并没有对追根溯源的方法嗤之以鼻。恰恰相

---

① 卡西勒的方法可追溯至威廉·狄尔泰，而康德对狄尔泰又有决定性的影响。关于狄尔泰的解释理论，见《全集》（*Gesammelte Schriften*, Leipzig: Teubner, 1914—1936），第一卷《人文科学导言》（*Einleitung in die Geisteswissenschaften*）；第七卷《人文科学中历史世界的形成》（*Der Aufbau der geschichtlichen Welt in den Geisteswissenschaften*）；第五卷，317—318，“诠释学的起源”（Die Entstehung der Hermeneutik）。也可参见哈里·斯洛科沃（Harry slochower）在“恩斯特·卡西勒研究艺术与文学的功能取径”中的评论，《恩斯特·卡西勒的哲学》，p.654, n.30。

② 《启蒙运动的哲学》（*The Philosophy of the Enlightenment*, Princeton: Princeton University Press, 1951, p.vi）。此书于1932年在德国问世，同年，《论让—雅克·卢梭问题》发表。

反，他的论文多处援引卢梭的《忏悔录》、往来信件和《卢梭审判让—雅克》。卡西勒指出，"除非我们将卢梭的著作回溯至他生命的起点及这部著作在他个性中的根源"，否则，卢梭的著作便是无源之水、无本之木，"卢梭和他的著作紧紧地纠结在一起，谁要是想将二者分开，就肯定会切断其共通的血脉，而对双方都造成伤害。……卢梭的基本思想虽说直接源于他的天性与个性，却不会被他的个性所局囿、所束缚"。[①]要解释卢梭，就应将传记作为重要的出发点，但绝不应该止步于此；不应该将关于卢梭怪癖的闲言碎语和历史考证混为一谈。 22

卡西勒的方法虽然没有指定，然而却指出了一条通往侧重于研究人性的历史学与哲学的道路。康德对哲学人类学的问题兴味盎然。卡西勒也同样如此。他的巨著《符号形式的哲学》(*Philosophie der symbolischen Formen*)将人描述为符号化和塑造世界的动物。[②]而他还不止探寻了卢梭对人性的看法——他强调，找寻人类的本质是卢梭的主要关注点之一。[③]其早期的《论不平等》便是明证；而到了暮年，卢梭说自己是"人性的历史学家"[④]，这不禁让人想起，霍布斯将对于人的研究界定为："解读自己，不是具体的这个人或那个人；而是人类。"* 23

在卡西勒这样的哲学家手中，这种想象的方法有助于揭示使一个思想体系融贯一致的那些原则。但这篇讨论卢梭的文章也说明了上述方法在使用中面临的种种困难。对思想核心的不懈求索会将实际上是根本性的矛盾视为无关紧要的而撇在一边。力求统一与整全的理想主义也往往使矛盾得以调解，达到了据认为是更高一层的综合，但实际上

---

① 参见下文，pp.39—40。

② 现已有Ralph Manheim的英文全译本：*The Philosophy of Symbolic Forms*, 3, vols (New Haven: Yale University Press, 1953—1957)。

③ 参见下文，p.65。

④ 《卢梭审判让—雅克》，第三次对话(Hachette ed., IX, 288)。

* 见霍布斯《利维坦》导言部分。——译注

这矛盾却是无法调和的。人们的确有可能会认为，卡西勒强加给卢梭的体系已经言过其实，而且对“自由”的强调也使他对卢梭的康德式解释超过了事实所允许的限度。①此外，卡西勒对待传记的理性主义的方法也容易遭人诟病。我的意思并不是说，批评家就应该对其所研究著作的作者进行精神分析——这种办法常常离题万里，而且有时有害无益。但是，完全忽视弗洛伊德以及他所建立的那门学科的成果，却是像卡西勒这样倚重于传记的批评家所付不起的代价。

然而，瑕不掩瑜，卡西勒的论文既是第一流的思想成就，也是一等一的艺术品。在我们面前，论证有条不紊、从容不迫地展开，证据链被仔细地锻接起来，环环相扣，到结尾处，读者把握住整个证据链，发现它是那么牢靠，只有到此时，人们才能感受到它的全部力量。

七

卡西勒的论文成功地解决了它给自己提出的那个问题么？自1932年以来，一些讨论卢梭的著作显示出卡西勒论文的影响，而且它们也承
24 认这种影响。②当中最为重要的，兴许要算查尔斯·W. 亨德尔的《道德家让—雅克·卢梭》(*Jean-Jacques Rousseau Moralist*)，书中特别肯定地

① 至少罗贝尔·德拉泰的结论是这样的:“想要把他的学说变成康德主义的某种雏形，结果是歪曲或者损害了他的学说。卡西勒先生不能完全免于这一指责。”(原文为法文:“A vouloir faire de sa doctrine une sorte de kantisme avant la lettre, on finit par la dénaturer ou la mutiler. M. Cassirer n’est pas tout à fait à l’abri de ce reproche.”——译注)《卢梭的理性主义》(*Le Rationalisme de J.-J. Rousseau*, Paris: Presses Universitaires, 1948, p.188)。

② 卡西勒在发表这篇文章的同一年，还在一篇投给法国哲学协会的论文及随后的讨论表达了他的观点。参见，卡西勒，“让—雅克·卢梭著作中的统一性”，《法兰西哲学学会会志》(“L’Unité dans l’œuvre de Jean—Jacques Rousseau”, *Bulletin de la société Française de Philosophie*, 32d year, No.2, April—June, 1932, p.46–66)。

写道，对卡西勒的“精彩讨论”“深表赞同”。[1]亨德尔的研究成果是一部详尽的思想传记，其要旨就隐含在书名之中：卢梭寻求的是界定善的生活；他的基本问题是“把人类从他们自己内在与外在的暴政之下解放出来”。[2]这样来看，他的所有著作就可以视为是一贯的，也是一体的了。亨德尔对卢梭作了全面彻底的研究，其间他还为驳斥其他解释而煞费苦心，卡西勒后来也对他的作品予以褒扬。[3]

近年来，罗贝尔·德拉泰的两部著作大大丰富了有关卢梭的研究文献。[4]与大多数解说者不同，德拉泰认为，“卢梭的政治学说来自他对属于被称为**自然法与万民法学派**的那些思想家的学说的反思。”[5]德拉泰先生手法高明，他追查到，卢梭倚重于格劳秀斯和普芬道夫，就像他倚重于霍布斯和洛克一样。德拉泰令人信服地证明了，卢梭在精神 25
上属于人们认定他已经克服并予以否认的理性主义的个人主义者。对于这种理论，卡西勒论文的读者心里早有准备。德拉泰大大扩充了许多卡西勒只是简要分析了一下的观点，他还阐明了卢梭是如何处理良心与理性的关系，以及如何处理人类理性的发展问题。他的结论与卡西勒相当接近：“卢梭绝不会认为，一个人会不能运用自己的理性……恰恰相反，他想要教会我们如何好好地运用理性……卢梭是一名意识

---

① C. W.亨德尔的《道德家让—雅克·卢梭》(*Jean-Jacques Rousseau Moralist*, 2 vols.; London: Oxford University Press, 1934, I, ix)。

② 同上书，II，323。

③ 《卢梭，康德，歌德》，p.58n。在1934年还有一本书值得一提，艾尔弗雷德·科班的《卢梭与现代国家》。虽然书中没有提及卡西勒，但它的方法与结论却承袭了朗松—赖特—卡西勒这一传统。

④ 《卢梭的理性主义》(见前页注释①)和《让—雅克·卢梭及他那个时代的政治学》(*Jean-Jacques Rousseau et la science politique de son temps*, Paris: Presses Universitaires, 1950)。参见科班对这两本书的全面评论，“对卢梭政治思想的新洞见”，《政治学季刊》(New Light on the Political Thought of Rousseau, *Political Science Quarterly*, LXIV, No.2 June, 1951, 272—284)。

⑤ 《让—雅克·卢梭及他那个时代的政治学》，p.1。

到理性局限的理性主义者。”[①]德拉泰并没有让卡西勒的论文免于一切批评。在他看来，卡西勒对卢梭的理性主义的论证，有力得过了头。但话又说回来，他还是称卡西勒的这篇论文是对卢梭的新康德主义的诸种解释中“最为重要的”一篇，也是“迄今为止，朝向综合所做出的最大努力，这种综合试图从整体上把握卢梭的思想，并展现出其中那深刻的融贯性”。[②]

但是除去影响之外，我们对卡西勒的成就还能说些什么？一名思想家并不是一道谜题；他永远不会被彻底“解开”。但卡西勒将让—雅克·卢梭问题提升到一个全新的、更高的层面。他的论文漂亮地阐明了卢梭的基本概念之间，以及这些基本概念和他思想其余部分之间的关系：实际理性与潜在理性之间的关系，可完善性与要求一个新社会之间的关系，教育与合理性之间的关系，还有最为重要的是，理性与自由之间的关系。虽然仍然不能使一些批评家信服；[③]但如果感情用事、自
26 相矛盾的极权主义者的卢梭形象大体上已经让位于一种更为精准的评价，那么卡西勒的论文可以说对此贡献良多。

八

对于卡西勒的读者来说，只有在牢牢确立起卢梭哲学基本上的统一性之后，他的政治学说的问题才能真正地显现出来。我要再重申一次，卢梭的政治思想为个人主义者、集体主义者、自由主义者和极权主义者所用，这确是事实，但卢梭哲学在客观上的一致性却没有因此受到

① 《卢梭的理性主义》，pp.169, 176。

② 同上书，pp.181n, 185。

③ 例如，亨利·佩尔说：“卢梭充满了矛盾，那些学识渊博，最富智慧的人们（朗松、赫夫丁、欣兹和E. H. 赖特）也未能让我们相信，他的思想自成一体。”“18世纪的观念对法国大革命的影响”，《现代欧洲的形成》，I，482。

影响。然而话又说回来，卢梭的政治学说与历史进程之间的关系也引发了一些重要的问题，卡西勒的论文有助于我们将这些问题表述清楚，但它本身却没有提供答案。

在我这篇简要的导言中对这一关系做详尽的考察不太合适，但我们或许可以用它来指示考察的方向。那么我以为，我们应该区分作为批判工具的卢梭政治学说与作为建构工具的卢梭的政治学说。[①]把卢梭政治学说作为批判标准来用的时候，它对民主运动无比宝贵；把它当作一幅政治的蓝图，就会对自由主义的理念与制度产生恶劣的影响。

卢梭的“一大原则”——人类是善的，是社会让他变坏，但也**只有**使他遭此浩劫的社会才能拯救他——是一种**批判的**工具。它断定，改革不仅是可取的，而且更为重要的是，改革是可能的，它表明，一个只产生恶棍与愚人的社会证明了自身也有权存在。但是，卢梭以更加直接的方式成为那场民主运动的哲学家：通过其全部著作，他列举出那些 27
使当时社会邪恶的特征，也举出了可以由之辨识出善的社会的特征，在这种善的社会当中，公意（volonté générale）至高无上。社会最大的恶是不平等；社会最大的善是自由。从一开始的两篇论文到《卢梭审判让—雅克》，卢梭都一再表达了这些观点——这也是民主武器库中的两门利器。卢梭在社会学说方面最为重要的论述都是批判的工具。我们只消回想一下，他要求公意必须绝对普遍（“必须把所有的票数都计算在内；任何形式的例外都会破坏它的公共性。”[②]）；他批判代议政体，在其中主权民族交出了他们理应予以保留的东西（“只要是一个民族举出

① 哥伦比亚大学已故的弗朗兹·诺伊曼（Franz Neumann）曾说，卢梭是民主运动的理论家，但不是民主政府的理论家。我于此受益良多。

② 《社会契约论》，第二卷，第二章（Hachette ed, III, 319n）。（译文引自中译本第33页注释1。——译注）

了自己的代表，他们就不再是自由的了；他们就不复存在了。”[1]）；他还抨击那时法国的思想文化及风气（与不平等一样）贬损了而不是拓展了生命。

对于一个手中无权的政党，或是一名持对立观点的哲学家而言，没有什么学说比卢梭的更为有用、更加一贯了。然而，一旦卢梭的学说化身为制度，一旦那个民主党派掌了权，卢梭哲学中的绝对主义意蕴就会浮现出来。卢梭抨击自愿联合起来的团体，反对异见派，他希望将一种公民宗教强加于人，违背它只有被流放或处死。这与他思想中的其余部分是协调一致的：卢梭想要创造出的那种公民——像爱弥儿那样的新人，必须要小心翼翼地对之加以防护，以免他受其所处的那个时代的腐蚀——是不会愿意从属于任何有着特殊利益的群体的；对于公意做出的决定，他也不会有丝毫异议。他的确会将这种公民宗教当作必不可少的黏合剂，并毫无顾忌、心安理得地相信它或宣称信仰它。公意至高无上，这是对好人的一项指定要求，一项道德规定，
28 虽然世上还不曾有过这种好人，但平等的社会与自然的教育将使之诞生。就像卢梭自己所说的那样，它预先设定，“公意的一切特征仍然存在于多数之中；假如它们在这里面也不存在的话……是不再有自由可言的”。[2]

正是这种一切从规范出发的思想，这种从人类的可完善性推理出只有完美的人才能生活于其间的完美国家的乌托邦倾向，使得卢梭的思想用作批判时是如此伟大，而用作制定宪法的指南时却又如此危险。

---

① 《社会契约论》，第三卷，第十五章（Hachette ed, III, 362）。（译文引自中译本第123页。——译注）

② 同上书，第四卷，第二章（Hachette ed, III, 368）。（译文引自中译本第137页。此处据原文将中译本里的“它”改为“它们”。——译注）如果我们用这种方式解释《社会契约论》，那它和远没有它那么激进的《波兰政府》之间那所谓的矛盾就解决了：前者讨论的人类是其所能够而且也应该成为的那样，后者讨论的人类是他们实际上的那样。

一旦批判者变成最高统治者，那卢梭的批判的原则就会化为镣铐。

九

阅读卡西勒促使我们对卢梭政治学说进行了这般无拘无束的思考，这既是向卡西勒论文所提示的领域，也是向卢梭政治思想那经久不衰的魅力致敬。卡西勒本人并不是政治理论家，但他的作品对政治理论家来说至关重要，政治思想衍生于一个更为广阔的语境之中，而政治理论家不费吹灰之力就将这一点抛诸脑后了。[1]卡西勒的论文在不断地提醒人们，在著述者的脑海中，政治著作与其所
处的语境是一个整体，将二者割裂开来的政治理论家就会将这些著 29
作的意思肢解得七零八落。故而，绝少有最伟大的政治理论家**只是**政治理论家而已，这并非偶然；他们首先是对人类，以及对包括人与社会之间关系在内的世间万象都感兴趣的思想家。亚里士多德称他的《政治学》是自己所著的《伦理学》的续篇，霍布斯认为，《利维坦》一书在写“共和国”之前先用十六章的篇幅来写“人”是极为重要的，对于这些蛛丝马迹，读者应该予以重视，而解释者也应该认真对待。

卡西勒对此的确是认真对待的。关于诗歌，塞缪尔·约翰逊曾写道：“考察过整体之后，才能去研究部分；要原原本本、恰如其分地理解

[1] 卢梭的经历中有一个方面卡西勒虽然没有视而不见，但原本的确可以阐述得更加充分：卢梭是日内瓦公民。包括《社会契约论》在内的卢梭最重要的著作反映了日内瓦的党派斗争，而且直接致力于日内瓦的现实。幸亏有两本好书阐明了卢梭的思想与他出生的城市之间的联系：加斯帕尔·瓦莱特（Gaspard Vallette）的《日内瓦人让—雅克·卢梭》（*Jean-Jacques Rousseau Genevois*, Paris and Geneva, 1911）和约翰·斯蒂芬森·斯平克（John Stephenson Spink）的《让—雅克·卢梭与日内瓦……〈山中书简〉导读》（*Jean-Jacques Rousseau et Genève ... pour servir d'introduction aux Lettres ècrites de la montagne*, Paris, Boivin: 1934）。

任何伟大的作品，都必须与之保持一种思想上的距离；贴身紧逼的研究路数固然可以使更加细微精妙之处得以彰显，但那整体之美却再也看不出来了。”卡西勒的看法与约翰逊如出一辙。

英译本说明

恩斯特·卡西勒的论文“论让—雅克·卢梭问题”（“Das Problem Jean Jacques Rousseau”）最早发表于《哲学史档案》第41期（*Archiv für Geschichte der Philosophie*, XLI, 1932, 177—213, 479—513）。1932年2月27日，卡西勒向法兰西哲学学会（Société Française de Philosophie）作了一个关于“让—雅克·卢梭著作的统一性”（“L’Unité dans l’œuvre de Jean—Jacques Rousseau”）的演讲（与会者随后进行了讨论），卡西勒在演讲中用法语陈述了他这篇论文的基本内容。参见《法兰西哲学学会会志》（*Bulletin de la Société Française de Philosophie*, 32d year, No.2, April—June, 1932, p.46—66）。

“论让—雅克·卢梭问题”一文最初是用德语写成，但却一直未曾有德文单行本，而它有一个意大利译文的小本子*Il problema Gian Giacomo Rousseau*（Florence: La Nuova Italia, 1938），译者是Maria
30 Albanese。目前我这个版本是它第一个英文译本。但需要指出的是，在卡西勒的《启蒙运动的哲学》（*The Philosophy of the Enlightenment*, Fritz C. A. Koelln和James P. Pettegrove译，Princeton: Princeton University Press, 1951）和《卢梭，康德，歌德》（*Rousseau, Kant, Goethe, James Gutmann*, Paul Oskar Kristeller和John Herman Randall, Jr.译，Princeton: Princeton University Press, 1945）的“康德与卢梭”（“Kant and Rousseau”）一文里，含有本文当中几个篇幅不长的段落。

在这版当中，我力图在英文允许的范围内尽可能贴近卡西勒的原意与风格。有几处印刷错误我没有特别指出便将之更正，卡西勒的长句也被拆分，除此之外，一仍其旧。

卡西勒援引法文时格式并不统一——至少在这篇论文当中是这样的。有些引文他译为德文，有些他则没有翻译。凡是他译为德文的地方，我都将之译成英语，而凡是他没有翻译的地方，我也照他的样，在文中保留法文，而将英译放在脚注中。*

但有一处（p.86—88的引文）我是直接从原文，而不是从卡西勒的德文翻译的。除去法文诗是由我的编辑，J. Christopher Herold译为英文之外，其他的法文都是我自己翻译的。

卡西勒在引用文献时经常不加说明便省略其中的字词，甚至是整句话（附带说一句，他从未歪曲原意）。有些省略的地方我加以补足，大段大段的省略我则按照惯例，用方括号加省略号表示。引用原文时我使用的是卢梭著作的Hachette版（这一版本在19世纪下半叶和20世纪初多次重印），因为它比卡西勒所用的版本好找得多。卡西勒用的版本是Jean Sénelier在《卢梭著作书目提要》(*Bibliographie Générale des* 31
œuvres de J.-J. Rousseau, Paris: Presses Universitaires de France, 1949）中所列举的第1901号：《卢梭著作全集》(*Collection des œuvres complèttes* [sic] de J.-J. Rousseau, Chez Sanson, Aux Deux Ponts [Zweibrücken], 1782—1784，第三十卷，12开）。

除了格式上的小问题外，卡西勒本人的脚注原样不动。脚注中也和正文一样，我所添加的部分都用方括号标明。援引卢梭作品时人们从不写全书名；用的是大家普遍认可的缩写——如《论科学与艺术》(*Discours sur les sciences et les arts*)。法语引文用的是现代拼写方式。

彼得·盖伊 32

* 为便于读者阅读，中译本将法文放在脚注之中。——译注

卢梭问题　一

我要来谈谈让—雅克·卢梭问题。说其是个问题，这本身就蕴含着某种假设，即卢梭的个性与思想世界还没有缩减为仅仅是历史事实，使我们除了完全照直理解它、描述它以外便无事可做。即使是在今日，我们也认为卢梭并无一种有着单一论点的、已然确立起来的学说，我们无法通过复述与评论来轻易地将它记录下来并将之安置到诸种哲学史中去。诚然，已有数不胜数的专著正是这样来描述卢梭学说的；但较之卢梭本人的作品，所有这些看上去都是那么冷冰冰且毫无生气。

只要深入到卢梭的作品之中，只要由此重建作为一个人、一位思想家和一名艺术家的卢梭的形象，不管是谁，都会马上感到，人们惯常给出的“卢梭学说”只是思想的抽象概述，而要把握展现在我们面前的那内在的丰沛，它几乎无能为力。此处，我们面前所显现的并不是固定而明确的学说，毋宁说，它是一种不断自我更新的思想运动，这种运动的力量之大，情感之强烈，使得只要有它在，人们似乎就无法藏身于“客观的”历史沉思的宁静之中。一次又一次，它将自己强加在我们头上，一次又一次，它让我们沉醉其间，身不由己。卢梭，这位思想家与作家，他给他那个时代施予了无与伦比的力量，而之所以能够如此，最根本的原因就在于，在那个世纪里人们将形式的建立拔高到前所未有的高度，使
35 之日臻完美，成为一个有机的整体，但卢梭却再次使形式这一概念那与

生俱来的不确定性浮出水面。无论在那时的文学，还是哲学和科学当中，18世纪都停留在一个固定而明确的形式的世界里。事物的实在根源于这个世界；这个世界保证并决定了它们的价值。这个世纪为事物的精确无误而欣喜，为它们分明的轮廓与确定的界限而高兴，这个世纪将划出如此精准界限的能力视为人类最高的主观力量，同时也将之看成是理性的基本能力。

卢梭是第一位不仅质疑这种确定性，而且撼动了其根基的思想家。他拒斥并彻底打破了塑造伦理学、政治学和宗教，还有文学与哲学的种种模式——他这样做，冒着使这个世界又一次沉沦于其原始的混沌，沉沦于“自然”状态的危险，因此也可以说，他是冒着将之弃于混乱不堪的危险。但正是在他自己召唤来的混乱之中，他特有的创造力受到考验并得以证明。因为现在开始有了一种受新冲动驱策，由新力量决定的运动。这一运动的诸多目标起先还在黑暗之中；抽象地孤立起来看便无法描绘出其特征，人们也不能预先将它们料想为给定的、落实的终点。在卢梭力图这样预料时，他从未超出暧昧不清而且时常是自相矛盾的表述。对他而言，已经确定的，也是他用思想和感情的全部力量抓住的，不是他趋向的那个目标，而是他所追随的那种冲动。他有胆量顺从这冲动：他用完全一己之思想、感情和激情的动力，来反对那个世纪 36
本质上静止的思想模式。他的动力在今日仍然让我们心醉神迷。即使对于我们来说，卢梭的学说不仅仅是学术好奇心的对象，也不纯然是哲学研究或历史研究的对象。一旦我们不再满足于考察它的后果，而是用其根本的假设来关怀我们自己，那么卢梭的学说便马上表现为一种完全是当代的、生气勃勃的探讨问题的方式。卢梭向他那个世纪提出的问题绝对没有过时；这些问题没有被简单地“解决掉”——即便对我们来说，也是如此。对这些问题的**表述**往往只有从某一历史角度来看才是重要而可以为人所理解的：然而它们的**内里**却依然与我们那样切身相关。

纯粹由历史探究所描绘出来的肖像模糊不清，目前对于卢梭的解释在很大程度上是其理所当然的结果。在对传记的细节之处作了最为彻底的研究之后，在对历史背景与卢梭学说的渊源作了无数调查之后，在深入分析了他作品的所有细节之后，我们本应指望至少可以澄清他天性的基本特点，或澄清其著作中大体保持一致的基本意图。但即使只是对研究卢梭的文献扫上一眼，都会让人大失所望。特别近些年来，本已是庞然大物般的研究文献，又因为一些重要的大部头著作而膨胀。但是如果我们看看这些作品——例如（此处仅提一些最重要的名字），倘若我们将最近艾伯特·欣兹的《让—雅克·卢梭的思想》（*La Pensée de Jean-Jacques Rousseau*, Paris, 1929）中对卢梭的描述，和于贝尔及马松①的作一比较——解释中那尖锐无比的矛盾便马上显现出来。矛盾并不局限于细枝末节与无关宏旨之处；相反，
37 它关乎对于卢梭的天性及见解的根本看法。有时候，卢梭被描绘为现代个人主义唯一真正的先锋人物，他捍卫无拘无束的感情自由，捍卫那"心灵的权利"，在构想这项权利时他是如此不羁，竟将所有的伦理责任、将义务的一切客观戒律都统统抛弃。举例来说，卡尔·罗森克兰茨就认为，卢梭的道义（morality）"是自然人的道义，这自然人没有通过服从道德律而将自己提升至自决（self-determination）的客观真理的程度。这种道义为善，也偶尔作恶，二者皆出于其主观的一时兴起；但它往往将恶说成是善，因为据称恶乃是发轫于那善良心灵的感情之

① ［勒内·］于贝尔，《卢梭与百科全书派：论卢梭政治思想的形成》（［René］Hubert, *Rousseau et l'Encyclopédie: essai sur la formation des idées politiques de Rousseau*, Paris, 1928）；［皮埃尔—莫里斯·］马松，《卢梭的宗教》（［Pierre-Maurice］Mason, La Religion de J.-J. Rousseau, 3 vols.; Paris, 1916）。特别参见［艾伯特·］欣兹对马松观点的批评，"让—雅克·卢梭的宗教思想及近来关于它的解释"，《史密斯学院现代语言研究》（"La Pensée religieuse de Jean-Jacques Rousseau et ses récents interprètes", *Smith College Studies in Modern Languages*, Vol. X, No.I, 1928）。

中的”。[1]但通常针对卢梭的指责，与之正好相反，却也同样的理直气壮。他被视为一种国家社会主义（State Socialism）的奠基人和拥护者，这种国家社会主义为了团体而彻底牺牲了个人，并将个人硬塞进固定不变的政治秩序，在其中，个人别说行动的自由了，甚至连良心的自由都没有。

关于卢梭的宗教信仰与取向的意见分歧之大，就像对于他伦理与政治信念的看法一样。对《爱弥儿》当中“萨瓦牧师的信仰自白”的解释最是五花八门。有些人看到的是18世纪自然神论在其中登峰造极。而另一些人则提请大家注意它与“实证”宗教之间的紧密联系，并拈出将“信仰自白”与卢梭成长于其中的加尔文宗信仰联系起来的线索。[2]最近对卢梭的宗教有全面论述的就是马松的《让—雅克·卢梭的宗教》一书，但其也未能避免将卢梭的宗教感情及见解整个纳入天主教教义当中的悖论，未能避免声称他就是信仰天主教的悖论。在马松看来，不 38
仅在卢梭与宗教之间，而且在卢梭与天主教信仰之间，存有着一种真正的、深厚的，却也是太长时间以来为人们所忽视的联系。

试图用“理性主义”与“非理性主义”这对传统的对立概念来衡量卢梭的思想世界，就会得出同样模糊不清和游移不定的判断。在法国百科全书派的那个圈子里流行赞美理性，卢梭却掉过头去，转而诉诸“感情”与“良心”那更加深厚的力量——这些都不可否认。而另一方面，恰是这位“非理性主义者”，在其与启蒙思想家（philosophes）及法国启蒙运动之精神的搏斗最为激烈的时候，提笔写道，关于神，人们所能形成的最崇高的观念乃是纯粹奠基于理性之上的：“我们关于神的最崇高的观念只从理性而来。”（Les plus grandes idées de la divinité nous

① 卡尔·罗森克兰茨，《狄德罗的生平与著述》（*Diderot's Leben und Werke*, Leipzig, 1866），II, 75。

② 除去其他人之外，[古斯塔夫·]朗松也强调，卢梭在根本上持新教—加尔文教的观点。参见他的《法国文学史》，22d, ed.（Paris: Hachette, 1930），pp.788ff。

viennent par la raison seule.)①并且，也正是这位“非理性主义者”，被康德认为不亚于牛顿，并被他称为道德世界的牛顿。

想一想判断之间的这些分歧，我们就会立即认识到，既不能从这些范畴，也不能指望着从这些范畴来真正阐明卢梭的天性。要想达到这个目的，我们只有不为一切成见与偏见所动，再次转向卢梭著作本身——如果我们让它符合其自身内在法则地呈现于我们眼前的话。

然而，除非我们将卢梭的作品回溯至其人生起点，回溯至作品在他个性中的根源，否则对其作品这般追根溯源是不可能的。卢梭和他的
39 著作紧紧地纠结在一起，谁要是想将二者分开，就肯定会切断其共通的血脉，而对双方都造成伤害。我确实并非意欲坚称卢梭的观念世界缺乏独立于他个人的生存形式与个人生活之外的意义。毋宁说，我在这里想要捍卫的是个正好相反的假设。我所要力图展示的是：卢梭的基本思想虽说直接源于他的天性与个性，但却不会被他的个性所局囿、所束缚；这一思想在其成熟、完善之时，将一种对问题的客观表述摆在我们面前；这种表述并非仅仅对他或他那个时代有效，而是十足分明而确定地包含着一种内在的、严格客观的必然性。但这一必然性并不以抽象概括与独立系统的面目直接呈现在我们面前。它是从卢梭的天性，这个个人的第一因当中渐渐浮现出来的，可以说，它首先必须从这个第一因当中挣脱出来；而要赢得它，必须一步一步来才行。卢梭常常反驳以下想法：一种思想只有从一开始就表达得系统明白、刀枪不入，才会具有客观的价值与有效性；他愤怒地拒不认为他应当服从于如此系统的强制。卢梭的拒斥态度既在理论领域，也在实践领域；这既是为了发展思想，也是为了经营生活。对于这类思想家来说，不能将作品的内容与意义和个人生活的根基割裂开来；在一再的反射与相互的映照之下，

① “萨瓦牧师的信仰自白”，《爱弥儿》，第四卷（“Profession de foi du vicaire savoyard”, *Emile*, Livre IV, Hachette ed., II, 267）。

每一方只有和对方在一起,并在对方之中,才能够被人理解。

卢梭抵达巴黎的时候已年近三十,在这一刻,他才开始有独立的精神发展。在这里,他的思想自觉第一次被真正唤醒。从那一刻起,孩提与青少年时代在他身后远去,笼罩在一片朦胧之中。对卢梭来说,它们只是回忆与思慕的对象——是的,这种思慕直到卢梭年暮时仍在他 40
心头萦绕不去,而且依然如此有力。对于瑞士的故乡给他留下的最初印象,卢梭念念在心,这是因为他感到:在那儿,而且只有在那儿,他所拥有的生活还是一个真正的实体,一个没有被打破的整体。世界的要求与自我的要求之间的破裂还没有产生;感情与想象的力量在现实之中还未有固定而严苛的界线。因此,在卢梭的意识之中,这两个世界,即自我的世界与万事万物的世界还没有被截然分开。他的孩童与青少年时期由梦想与现实、经历与想象奇特地编织而成,殊为怪诞。他最完满、最富足和最“真实”的时刻不是在行动和做成事情的时候,而是在他将一切现实抛诸脑后,沉湎于他那幻想、感情和欲望的梦想世界之中的时候。在长达一周的漫无目的的游荡、自由自在的闲逛之中,他一次又一次找寻而且找到了这种幸福。

但是他在进入巴黎的那一刻,这个世界一下子就消失得无影无踪了。在这里,等待他、接受他的是另一种秩序——这种秩序不给主观的随心所欲和想入非非留一点余地。日子属于大量的行动,这些行动控制着日子,直至每一个细节。这是工作的一天,是俗常的社会职责的一天,而每一项职责都自有其规定好的时刻。时间校准固定不变,客观的时间度量固定不变,这是卢梭要适应的第一件事。这项要求与他的天性是如此格格不入,从今而后,他不得不常常与之搏斗。严格的时间的框框决定着人们的日常工作日,它完全主宰了人,它从外部用强力使得生命被逼就范,对卢梭来说,这一直都是对生活无法忍受的束缚。卢梭原本能够做成各种各样的事情,也能够调整自己,去适应那实际上并不 41
适合他的事情,只要不是**如此**来指定他行动的**时间**。

在对自身天性那敏锐的考察中，也就是在他起了《卢梭审判让—雅克》这么一个独特名字的对话录中，卢梭明明白白地对这一特点详加论述。就像他在其中描述的那样，让—雅克“热爱行动，但他憎恶束缚。工作对他来说毫不费力，只要是他能够按自己的，而不是别人的时间来做。[……]他必须做些事情，访客或是旅行？如果不催他，他会立即去做。如果逼他马上就做，他的倔劲就上来了。他一生中最为幸福的时候，是他扔掉了自己的怀表，抛弃了为着日复一日地活下去而给未来制订的一切计划。‘谢天谢地！’他喜不自禁，大声叫道，‘我再也不必知道现在是几点几分了！’”。①

除了这种厌恶外部生活的严密控制及千篇一律之外，卢梭现在还另有一种更为深厚，也更加发自肺腑的感受，这种感受使他与社交活动的传统礼节越来越疏远，驱使着他潜入自身之中。刚到巴黎没多久的时候，他似乎能够调整自己来适应这些礼节。在此期间，他绝不是憎恶世人的隐士。他设法广交朋友，而且特别是在与狄德罗的友谊中——狄德罗可以说是法国当时所有丰沛的精神力量的化身——他找到了将他与那时的社交生活与文人生活紧密联系起来的纽带。再者，卢梭个人在巴黎所受到的招待（的确是精心安排好的）似乎也注定要逐渐将他的固执引开到别处，注定要使得他和公众精神（esprit public）之间达成
42 和解。每到一处，人们都热情友好地欢迎他。那时的巴黎是宫廷文化的顶峰，其典型的美德就包括这种款待所有生人的精致礼节。

这无孔不入的礼节被视为理所当然，但伤害卢梭，让卢梭反感的却也正是它。因为他越来越清醒地学会将它看透；他越来越强烈地感到，这类友善丝毫不知个人友谊为何物。在《新爱洛漪丝》的一封信中，圣・普栾（Saint-Preux）讲述他进入巴黎社交界的情况，卢梭在这封信

① 《卢梭审判让—雅克》，第二次对话（《全集》，*Œuvres compl.* éd. Aux Deux-Ponts [Zweibrücken], 1782, p.8）[Hachette ed., IX, 225]。参见《忏悔录》，第八卷。

中激越地描述了此种感受。在这里没有什么是“捏造的”，字字都取自他的亲身经验。圣·普栾写道：“我受到了非常热情的欢迎；人们全都与我友善；他们示我以千般礼数；他们待我以种种服务。但这却正是我所要抱怨的。你怎么能够与素不相识的人马上就结为朋友？真正的人的关切，一个赤诚灵魂的朴实而高贵的流露，其所述说的语言迥然不同于这个大世界的习俗所要求的虚与委蛇的礼貌客气［及虚情假意］。我非常害怕，初次谋面就将我当作相交了二十年的朋友那样招待的人，在二十年之后如果我有要事请他帮忙的时候，却是形同陌路；当我发觉这些［浪荡的］人对那么多的人如此关怀备至，我倒乐意相信，他们对谁都不放在心上。”①

这就是卢梭对巴黎社交界的第一印象，这印象不断地渗入他心中，而且越来越深。我们必须在这一点上寻找他憎恶世人的真正源头—— 43
这憎恶产生于对爱真正的、深切的感受，产生于渴望无条件的奉献与对友谊的狂热理想。在法国古典文学中，人类那位最深刻的法官和画家无与伦比地描绘过这种憎恶。在巴黎社交界这个亲切殷勤、谦恭有礼的世界里，卢梭心中满是莫里哀借阿尔赛斯特（Alceste）之口所说的那种完全的孤独感：

> 不，不，心性高傲的人决不肯接受
> 这样滥的一种敬重。
>
> 敬重的基础是偏爱：
> 一律敬重等于一个都不敬重。

---

① 《新爱洛漪丝》第二部分，第十四封信（*Nouvelle Héloïse*, Seconde Partie, Lettre XIV［Hachette, ed., IV, 158］）。

我见不得对人品无所轩轾的
交游手段。

我看见人像他们那样生活在一起，
我就打心里闷闷不乐，苦恼万分。
我发现到处全是卑鄙的阿谀，
全是不正义，自私自利，奸佞和欺诈。
我受不下去了，我一肚子的气闷，我打定了主意
44 和全人类翻脸。[①]

---

① ［《憎世者》(*Le Misanthrope*)，第一幕，第一场。卢梭本人对这部戏剧，特别是对阿尔赛斯特这一角色的看法，参见他的《就〈百科全书〉中的词条“日内瓦”致其作者达朗贝尔先生的信》(*Lettre à M. d'Alembert sur son article“Genève” dans l'Encyclopédie,* Hachette ed., 201—206)。］(原文为法文：

“Non, non, il n'est point d'âme un peu bien située
Qui veuille d'une estime aussi prostituée.

Sur quelque préférence une estime se fonde,
Et c'est n'estimer rien qu'estimer tout le monde.

Je refuse d'un cœur la vaste complaisance
Qui ne fait de mérite aucune différence.

J'entre en une humeur noire, en un chagrin profond,
Quand je vois vivre entre eux les hommes comme ils font.
Je ne trouve pratout que lâche faltterie
Qu'injustice, intérêt, trahison, fourberie;
Je n'y puis plus tenir, j'enrage; et mon dessein
Est de rompre en visière à tout le genre humain.”

译文引自《莫里哀喜剧》第三集，李健吾译，湖南人民出版社，1984，第6—8页。另据此书第3页注释1，莫里哀本人饰阿尔赛斯特这一角色。——译注)

但是驱使卢梭走向这种决裂的却是一种与之不同且更为强烈的冲动。他先前在社交界中发现的那根本的缺陷，现在也同样在其思想代言人，在其真正的、最精致的精神性（spirituality）代表们身上发现。这种精神性与真理的真正精神相距之遥远，恰如那个时代人人赞同的道德远离真正的道义。因为长久以来，哲学已忘了如何说它那素朴的语言，那教人智慧的语言。现在它只说那个时代的语言，它让自己逢迎那一时期的思想与趣味。最糟糕、最严苛的社会束缚在于这样一种力量：它不仅掌控我们的外部行为，而且还主宰我们所有内在的冲劲，我们所有的思想与判断。这种力量挫败了一切独立、一切自由、一切判断的原创性。不再是我们来作出思考与判断了：社会思考我们，社会替我们思考。我们不必再去寻求真理：新鲜出炉的真理被塞在我们手中。

卢梭在他的第一篇哲学论文中描写了这种精神状态："我们的风尚流行着一种邪恶而虚伪的一致性。每个人的精神仿佛都是在同一个模子里铸出来的，礼节不断地在强迫着我们，风气又不断地在命令着我们；我不断地遵循着这些习俗，而永远不能遵循自己的天性。我们再不敢表现真正的自己；而就在这种永恒的束缚之下，人们在组成我们称之为社会的那种群体之中，既然都处于同样的环境，也就都在做着同样的事情。"[①]社会人一直活在自身之外，只知道如何在别人的意见中过活， 45
只有通过这种辗转间接的方式，通过这种绕道别人意见的迂回，他才能拼凑出自身存在的意识。[②]

上面这几句话出自《论不平等的起源》，这是卢梭的第二部哲学著作，但读到这些句子，我们已经预见到他思想后来的发展。这一点我们先就此打住，以便集中精力去关注可以说是卢梭根本思想真正诞生的

① 《第一论》[《论科学与艺术》]，第一部分[Hachette ed., I, 4]。（译文引自《论科学与艺术》，何兆武译，商务印书馆，1963年，第9—10页。——译注）

② ［参见］《论不平等的起源》（将近结尾处）[Hachette ed., I, 126]。

那一瞬。他本人对此有过无与伦比、令人难以忘怀的描述。那是1749年的一个夏日，卢梭从巴黎出发，去看望他那位因名列逮捕密令（lettre de cachet）而被囚于万塞讷堡的朋友狄德罗。在路上卢梭边走边浏览随身携带的一份《法兰西信使报》(*Mercure de France*)，突然间，他的目光落在第戎学院为来年设立的有奖征文上，征文题目是“科学与艺术的复兴是否有助于敦风化俗？”。

卢梭在致马勒泽布的一封信中是如此描述这个瞬间的，“如果曾有过什么类似于灵光一闪的话，那就是我在读到这里的时候心中翻涌的激情。忽然间我觉得有万千道光芒使我的心灵眩晕；[活力四射的]思想成批成批地自己一起送上门来，其力量之大，[其情形之乱]，让我陷入了难以名状的迷狂；我感到头晕目眩，好似喝醉了一般。猛地一阵心悸，我的胸口如有重压。我[走路]都喘不过气来，就让自己躺在[路边的]一棵数下，这样心潮澎湃地躺了半个小时之后，在我起身的时候，才
46 发现我[自己的]泪水已经把上衣[的前襟全部]都打湿了，而此前我竟对自己泪流满面浑然不知。啊，[先生，]要是我能写出在那树下所见所感的四分之一，我就能多么清楚地揭示这社会体系的一切矛盾啊！我就能多么有力地暴露我们制度习俗的所有弊病啊！我就能多么轻易地表明，人类天生是好的，而只是因为这些制度习俗，人类才变坏的啊。在那棵树下，在一刻钟的时间里，那些蜂拥而至的伟大真理照耀着我、启发了我，所有我还能记得的，都苍白无力地散布在我的[三本]主要著作之中[即第一篇《论文》，论《不平等》和《论教育》]。”[1]

① 致马勒泽布的第二封信，蒙特默伦西，1762年1月12日（Seconde Lettre à Malesherbes, Montmorency, 12 janvier 1762, Hachette ed., X, 301—302）。这一描述那内在的真实，立刻就打动了我们。相形之下，狄德罗说是**他**在一次谈话中将这篇论文的基本思想告知卢梭，就显得无足轻重了。这只能是狄德罗的记忆有误。对这一问题更为细致的讨论参见[约翰.]莫利《狄德罗与百科全书派》(*Diderot and the Encyclopaedists*, 1878, new ed., London, 1923, I, 112f)。[值得一提的是，这个问题现在仍是人们讨论的话题。]

这封信中卢梭所说的事情发生在十多年前，但是字字句句都能让我们感到，这一记忆是怎样地仍打动着他，震撼着他，其力量经久不衰。的确，正是那一瞬间决定了他作为思想家的个人命运。突然呈现在他面前的征文题目使得此前困扰他的所有疑惑都集中到了一点上。之前对于他那个时代所热爱、所尊崇的一切的愤愤不平，对于18世纪生活理念与文化理念的愤愤不平，卢梭都强忍了下去，而此时这些都在他心中爆发，好像沸腾翻滚的火山熔岩倾泻而出。很长时间以来，卢梭一直都觉得自己与这些理念颇为疏远；尽管如此，他却不敢对自己承认这一点，更不敢有所流露。卢梭处在精神文明的中心，其灿烂的光辉仍让他目眩神迷；与孔狄亚克和狄德罗这些精神运动的领袖之间的友谊仍让
他却步不前。 47

但是现在，所有这些辛辛苦苦筑就的堤坝都溃决了。在他心中，一种崭新的伦理激情已被唤醒；它势不可挡地从卢梭那里汲取一大批全新的观念。他在此前一直模模糊糊感觉到的内在紧张，现在变得显豁、确切起来。他的感觉一下子变得明晰而洞彻。卢梭现在**看见了**自己立于何处；他不仅是在感受，而且是在审判与判决。他还没有能力给这种审判披上哲学概念与论证的外衣。如果我们从哲学的、系统的观点来考察他对第戎学院有奖征文的这篇答复，那我们就会看到，其证据链上的薄弱环节与缺口之处从头至尾比比皆是。当回顾他的第一篇哲学作品时，对于这些弱点，卢梭自己也并没有视若无睹。在《论文》后来一个版本的前言中，卢梭指出，在内容上，它完全比不上自己以后任何一部著作，但偏偏是它奠定了自己赫赫文名的基础，这真是可悲的讽刺。确实，第一篇《论文》之文采斐然在卢梭的所有著作中都无出其右者；但在许多方面，它也只是一篇炫耀文辞之作。这种华丽的文采已不再能左右得了我们；对于我们，它已经不再具有其对卢梭同时代人所具有的那种势不可挡的威力。但是，不管我们对于它、对于卢梭每一个论证步骤作何感想，这篇《论文》句句话所蕴含的卢梭内心情绪之真切，都

让人难以忘怀。文中每一个字眼都有一股冲劲，要摆脱一切压制性的学识，要甩掉知识的所有重负与辉煌，为的是找到一条路径，重返那天然纯朴的生存形式。卢梭的伦理学变为这样一种基本的观念与感情："德性啊！你就是纯朴的灵魂的崇高科学，难道非要花那么多的苦心与
48 功夫才能认识你吗？你的原则不就铭刻在每个人的心里吗？要认识你的法则，不是只消反求诸己，并在感情宁静的时候谛听自己良知的声音就够了吗？这就是真正的哲学了，让我们学会满足于这种哲学吧！让我们不必嫉妒那些在文坛上永垂不朽的名人们的光荣。"[1]

当卢梭在**这种**意义上要求"返于自然"时——当他在人类是什么，与人类人为地将自身造就成了什么之间作出区分时，他作出这种对比的权利既不来自关于自然的知识，也不来自历史知识。对他来说，这二者都是极其次要的。他不是历史学家，也不是人种学家。在他看来，希望通过历史知识或者人种学知识改变人类，以使之接近其"自然状态"，这不啻是一种怪异的自我欺骗。

卢梭既不是18世纪提出"重回自然！"这一箴言的唯一一人，也不是第一人。毋宁说，到处都能听到这句话，只不过说法大同小异，举不胜举。人们渴望读到对原始人风俗的描绘；人们越来越迫切地想对原始的生活方式有更广泛的了解。这种新知识主要来自旅行者的报告，与它携手而来的，是一种全新的感情。狄德罗将布干维尔[*]南太平洋之行的一份报告作为自己加以发挥的起点，他用抒情诗一般的夸张语言歌颂了原始人的简朴、天真与幸福。[2]在雷纳尔（Raynal）的《欧洲人在

---

① ［《论科学与艺术》，第二部分（Hachette ed., I, 20）］（译文引自中译本，第37页。——译注）

* 布干维尔，（Bougainville, 1729—1811），法国航海家，曾进行环球考察旅行。——译注

② 狄德罗，（1772年写就的）《布干维尔游记补篇》（*Supplément au voyage de Bougainville*）。

两印度之殖民地与贸易的哲学史与政治史》(*Histoire philosophique et politique des établissemens et du commerce des Européens dans les deux Indes*, 1772)里，18世纪的人们找到了有关"异域"情况的无尽宝藏，也发现了一所他们在热情讴歌时用得上的武库。当卢梭写作《论不平等的起源》时，上述趋势已大行其道；但卢梭本人却似乎不为所动。在这篇论文一开头，他就清楚地表明，他既不能，也不想描述人类有史可 49
考的原初状态。"我们首先要把一切事实抛开，因为这些事实是与我所研究的问题毫不相干的。不应当把我们在这个主题上所能着手进行的一些研究认为是历史真相，而只应认为是一些假定的[和有条件的]推理。这些推理与其说适于说明事物的真实来源，不如说适于阐明事物的性质。"[①] 对我们来说，"事物的性质(nature)"触手可及、无处不在——要理解它，我们不必回溯千载之上，求诸史前时代那少得可怜而又极不可靠的证据。就像卢梭在《论不平等》的前言中所说的那样：谈论"自然状态"的人，其所说的状态已不复存在，**或许从未存在过，而且很可能也永远不会存在**。然而，为了正确判断我们目前的情形，我们必须对这种状态心里有数。[②]

扩大空间—地理的范围，与重回史前时代一样，帮不了我们什么忙。在这一领域里不管我们搜集到什么数据，除非我们在自身之中找到让其开口说话的办法，否则它们就只是缄默不语的证人。关于人类的真知灼见在人种志或者人种学当中是找不到的。这种真知的源头活水只有一渠，那就是自知(self-knowledge)与真正的自察(self-examination)。卢梭所诉诸的，只在于此；他试图从其中获取他的原则和假设的一切证据。为了把"自然的人"(homme naturel)与"人为的人"

① [Hachette ed., I, 83.](译文引自《论人类不平等的起源与基础》，李常山译，东林校，商务印书馆，1982，第71页。——译注)

② [参见Hachette ed., I, 79。]

(homme artificiel)区分开来,我们既不需要回到那已然逝去的遥远往昔,也不必来一次环球旅行。人人自身之中都携有唯一的真正原型;然
50 而,却几乎无人有幸能发现它,并将它外面人为的包装,那人们按照惯例任意加上的装饰剥去。

正是**这个**发现让卢梭引以为傲,他向他那个时代宣布,这才是自己的真正成就。他对他那个时代的学术、学识、哲学、政治学说以及社会学说的所有反抗,只是他的自觉(self-awareness)和自我体验(self-experience)的表露。正如他在《卢梭审判让—雅克》中所说的那样,“如果不是从自己心中”,那么这一学说的创始人,“那个[今日饱受恶意中伤和肆意诽谤的]人性的画家与辩护者,又能从何处获取他的模型呢?他描述这一本性,就像他在自身之中感觉到它那样。成见未能让他屈服,人为的激情也不能加害于他——人类的基本特性遭到如此普遍的遗忘与误解,但却没能像瞒过其他所有人那样瞒过他的双眼。[……]总之,一个人必然应该以描绘他自己这种方式来向我们展示自然人的形象;而且如果作者不似其著作那般独一无二,那他也就永远写不出那些著作。但是,这过着真正人类生活的自然人,这不把他人意见放在心上,只按自己的冲动与理性行事而任凭社会褒贬的自然人,又在何处呢?在我们当中找他只是徒劳。到处都只有言辞的粉饰;人人找寻表面上的幸福。无人在乎现实,大家都把自己的本质(essence)当赌注压在了幻象之上。人们被他们的自爱(self-love)所奴役与操纵,他们不再是为了生活而生活,而是为了让别人以为他们在生活而生活!”①

通过这些话及其所流露出来的倾向,卢梭看来似乎是在宣称信仰一种无拘无束的个人主义;他似乎愤怒地将社会的重负一劳永逸地全
51 部抛弃。然而,到这里为止,我们所理解的只是他天性中的一端,只是他思想的一个目标。写作这篇《论不平等的起源》之后不久,在他思想

① 《卢梭审判让—雅克》,第三次对话[Hachette ed., IX, 288]。

中就发生了一次简直不可思议的逆转。我们现在被引到了一个十分突兀的转折点，至今它依然让卢梭的解释者惊诧不已。卢梭成了《社会契约论》的作者：他为之创制法典的那个社会，正是他此前将之作为人类所有堕落与不幸的唯一原因而加以拒绝和斥责的社会。那部法典会是什么样子？我们本可以料想，它会尽可能地约束社会——它在缩减与限定社会的权力方面之仔细，将使得所有对于个人的侵犯都会被制止。

但是，这种"确定国家权限的尝试"[①]却远非卢梭心中所想。《社会契约论》所赞美和宣扬的，是一种完全不受约束的国家绝对主义。所有的个别意志与个人意志都将被公意的力量给粉碎。一加入国家，就意味着与所有的个别欲望彻底决绝。如果不是既完全献身于国家，又完全献身于社会，那就不能献身于二者中的任何一个。要使这种国家有真正的"团结一致"可言，除非个人融入这种团结中并消失于其间。在这里，是不能有任何保留的："转让既是毫无保留的，所以联合体也就尽可能地完美，**而每个结合者也就不会再有什么要求了**。"[②]

国家之全能绝不止于控制人们的行动。它还要掌管人们的信仰，并将之置于最严苛的约束之下。宗教也被公民化与社会化了。《社会 52
契约论》结尾那一章说的就是建立对所有公民都有绝对约束力的公民宗教（religion civile）。它允许个人在与共同体的生活形式无关的那些教义方面完全自由，但是它却分外无情地将信条一一列出，对于这些信条不许有丝毫怀疑，否则便以放逐国外作为惩罚。这些信条包括相信有一位全能而无限仁慈的神、天意、死后生活与最后的审判。丹纳在其

① ［此处用了一个典故，威廉·冯·洪堡（Wilhelm von Humboldt）有篇论文，名为《关于如何确定国家之权限的尝试》（*Ideen zu einem Versuch, die Grenzen der Wirksamkeit des Staats zu bestimmen*, 1792年写就，在其身后于1851年出版）。］

② 《社会契约论》，第一卷，第十一章［Hachette ed., III, 313］［黑体为卡西勒标出］。（此处原文为法文："L'aliénation se faisant sans réserve, l'union est aussi parfaite qu'elle peut l'être, et nul associé n'a plus rien à réclamer." 译文引自中译本第20页。——译注）

《当代法国的起源》中称《社会契约论》是在歌颂暴政，而卢梭的国家则被他描绘为一所监狱兼隐修院，[1]这一判决过于严厉了么？

要解决这个根本的矛盾看似绝无可能，解释者大多也对此不抱希望。[2]研究卢梭的名作——我只谈莫利、法盖、迪克罗（Ducros）和莫尔内（Mornet）这几人的——坦言，《社会契约论》打破了卢梭著作的统一性，且蕴含着与它所源出的哲学观的决裂。但是就算我们承认可能会有这样的决裂，那我们又如何解释，卢梭本人却对此完全视而不见呢？当卢梭已至暮年的时候，他依然不厌其烦地一再肯定与维护自己著作的统一性。他并不认为《社会契约论》背叛了他在那两篇第戎学院的有奖征文中所主张的根本思想；相反，《社会契约论》是与这些思想相
53 一致的延展，它使得这些思想完整而且完善。

就像《卢梭审判让—雅克》中强调的那样，抨击科学与艺术绝不是打算把人类抛回其原初的野蛮状态。他从未制订如此古怪而荒诞的计划："在他最初的几部作品里，必须要打破幻象，这种幻象让我们心中竟荒唐地崇敬造成我们不幸的因素，也必须纠正那一套套虚妄的价值观，这些价值观对有害的天资大加褒扬，却将仁慈的德性弃之如敝屣。他处处都在向我们表明，人类在其原初状态中更为善良、[智慧]与幸福，而离开那一状态又是多么盲目、不幸与邪恶[……]

"但是人性往而不返。一旦人类舍弃它，就再也不能重回那天真而平等的时代。他所特别坚持的，正是这一原则。[……]人们一直执拗地谴责他想要毁灭科学与艺术[……]想要将人类一把拉回其原初的野蛮状态。恰恰相反：他一向坚持保全现有的制度习俗，一向认为，毁

---

[1] [《旧制度》(Paris: Hachette, 1896), pp.319, 321, 323ff。]

[2] 然而，近来也有研究捍卫卢梭思想的统一性——特别是于贝尔，他认为卢梭著作的中心与焦点不在《论不平等》，而在《社会契约论》之中。《卢梭与百科全书派：论卢梭政治思想的形成》。欣兹的《让—雅克·卢梭的思想》(Paris, 1929) 和此前引用的朗松的著作[《法国文学史》]也捍卫了这种统一性，但他们的角度不同。

掉了它们，剪除的只是治愈它们的良方，而留下的却是邪恶，这无异于除去腐败而代之以浩劫。”①

鉴于人类目前的发展阶段——我们的工作必须以此为起点，否则就将流于空洞和虚妄——我们如何**既**挡住浩劫，**又**止住腐败？我们如何才能不滑向俗常社会的邪恶与堕落，就建立起一个真真正正的人类共同体？这就是《社会契约论》给它自己提出的问题。重返自然状态之简朴与幸福的道路已被封死，而**自由**之路却敞开着；我们能够，而且 54
必须踏上这条道路。

然而，就是在这一点上，解释者被逼至险境，因为在卢梭的所有观念中，对他的自由观的解释最为意见歧出、相互抵触。在持续了将近两个世纪的激烈论争中，这一自由观几乎已完全走样。不同党派的好恶将它推来搡去；它沦为仅仅是一个政治口号，这个口号今日在所有派别那里都闪闪发光，而人们也使之服务于最为大相径庭的政治目标。

但有一点要说明：对于这种暧昧与含混，卢梭并不负有责任。他清楚明确地界定了其自由观念的特别意旨与真正的根本意义。对他而言，自由并不意味着随心所欲，而是指克制与摒弃一切随心所欲，是指服从于个体为自身所设立的严厉而不可侵犯的法则。决定自由的真正特性的，不是拒斥或免除这一法则，而是自由地同意它。而这种特性是在公意，即国家的意志中实现的。个体毫无保留地完全为国家所掌控。然而，国家这样做时，并不是一个强制机构，它只是让个体承担一项义务，而个体也认识到这项义务是合法的而且必需的，因此个体同意担当这项义务既是为了国家，也是为了自己。

全部政治问题与社会问题的核心即在于此。解放个体，并不是说

① 《卢梭审判让—雅克》，第三次对话[Hachette ed., IX, 287]。[“造成不幸的因素”(instruments of unhappiness)是照卡西勒的德文译文翻译的。Hachette版中的“光”(lumières)应该是卡西勒所用的卢梭著作版本中的“不幸”(misères)。]

要使个体从共同体这一形式与秩序中解脱出来；相反，是要找到一种共同体，将协调这一政治组织的所有力量，一起来保卫每个个体，因此个体就与其他所有个体联合在了一起，在这种联合中，他所服从的，只是他自己。“每个人既然是向全体奉献出自己，他就没有向任何人奉献出
55 自己；而且既然从任何一个结合者那里，人们都可以获得自己本身所渡让给他的同样的权利，所以人们就得到了自己所丧失的一切东西的等价物以及更大的力量来保全自己的所有。”①“只要臣民遵守的是这样的约定，他们就不是在服从任何人，而是在服从他们自己的意志。”②他们这样做固然放弃了自然状态中的独立，即自然的独立（indépendance naturelle），但他们却换来了真正的自由，这自由就在于用法律约束所有人。③只有如此，他们才能成为更高意义上的个体——自主的个人。卢梭毫不犹豫地将这种对于个人的伦理观提升到远远高于自然状态的地位。在这一点上，我们很难想象，一个被公认为“原始人”崇拜者的作家，会使用如此清晰准确、不容置疑的语言。虽然加入共同体使人类被剥夺了原来在自然状态中所拥有的一些便利，但是迈出了这一步，他也使自己的能力得到巨大发展，他的思想觉醒了，他的感情也更细腻了，以至于——若不是对新处境的滥用使他往往堕落得还不如自然状态的话——对于从此使得他永远脱离自然状态，使他从一个愚昧的、局限的动物一变而为一个有智慧的生物，一变而为一个人的那个幸福时刻，他一定是感恩不尽的。④

---

① 《社会契约论》，第一卷，第六章［Hachette ed., III, 313］。（译文引自中译本第20页。——译注）

② 同上书，第二卷，第四章［Hachette ed., III, 323］。（译文引自中译本第40页。——译注）

③ 同上书。［在卡西勒原来的文本中，此处及此前两处的引号和文献出处略有错位，这很可能是印刷错误，这里将之改正。］

④ 同上书，第一卷，第八章［Hachette ed., III, 315—316］。（译文引自中译本第25页。——译注）

的确,《论不平等》中看似要捍卫的命题在这里最终被抛弃了。在《论不平等》中,进入精神领域好像仍是一种对幸福的自然状态的背叛,是一种生物上的堕落。思考的人是败坏的动物。[①]与之相似的是,论 56 科学与艺术的那篇论文也坚持认为,自然想要保护人类不去碰知识,就像一位焦急的母亲要从她孩子手里夺下一件危险的武器那样。[②]对卢梭来说,这一切现在都被抛弃、被忘却了么?他决定无条件地赞成“精神”而反对自然了么?他使自己面临着“精神”的所有危险就一点也不担心么?他本人对这些危险可是看得一清二楚,并毫不留情地下了断语的啊。怎样才能解释这一转向并证明它是正当的呢?只有不忽略那正确的关联,我们才能找到这种解释。知识——这是卢梭现在获得的洞见——是没有危险的,只要它不试图把自己拔得比生活还高,不试图使自己与生活决裂,只要它服务于生活本身的秩序。知识不该以绝对的至高无上者自居,在精神价值的领域,这个位子只有伦理意志才配。

在人类共同体的次序中,形成明确而清晰的意志世界也应该在建构知识世界之前。人类必须首先在他自身之中找到清晰确定的法则(law)之后,才能去探寻这个世界的法则,也就是外部万事万物的法则。一旦掌握了这第一位的,也是最急迫的问题,一旦在政治世界与社会世界的秩序中,精神获得了真正的自由,那人类就能让自己投身于探索的自由中而毫无危险了。知识再也不会害得人只是变得精致(raffinement);它不会再让人软弱或萎靡。将知识引向这一方向并使之沦为仅仅是思想上的精致,沦为一种精神上的奢侈的,不过是事物的一种虚假的伦理秩序。只要扫除了这一障碍,知识靠自身就能重回正路。

---

① 《论不平等》,第一部分[Hachette ed., I, 87]。(此处原文为法文:“L’homme qui médite est un animal dépravé.”——译注)

② 《第一论》[《论科学与艺术》],第一部分(将近结尾处)[Hachette ed., I, 10]。(译文参考中译本第19页。——译注)

57 没有伦理的解放，精神的解放对人类百无一用，但是人类要获得伦理的解放，就一定要剧烈地变革社会秩序，这种变革将把所有随心所欲一扫而空，只有这种变革才能帮助那内在的必然律取得胜利。

卢梭所有的政治著作自始至终都在歌颂这一法律（law）及其无条件的普世合法性，而正是在这一点上，人们最经常地误会他，而且也误会得最深。唯有一人正确理解了卢梭思想世界的内在融贯。正是在这一点上，只有康德成为钦佩卢梭的门徒。然而，对卢梭的传统看法与解释却在这里与康德的分道扬镳，确切地说，是背道而驰。早在18世纪，两种看法与解释之间就针锋相对：那个天才时期（Genieperiode）照着康德的样子，把卢梭当挡箭牌，把自己对自由的解释置于他的保护之下；按这种解释，人们求助于自由来反对法律；自由的意义与目的便是将人从那法律的压迫和束缚中解救出来。卡尔·莫尔（Karl Moor）大声说道："人们叫我把身体硬塞进紧身衣，叫我用法律来束缚意志。本可以是雄鹰翱翔，却被法律弄成了蜗牛踱步。法律从未造就出一个伟人，而自由却孕育众多巨人与英杰。"①

但是狂飙突进运动的这股劲儿却并非卢梭思想与伦理的根本倾向。对他而言，法律不是自由的敌人与对手；正相反，只有它能给人自由并真正确保自由。卢梭从最初的几部政治著作开始，就确定了这一根本想法。在为《百科全书》撰写的"论政治经济学"一条中，他明白无误地表述了这一想法。"只因有了法律，人们才有正义与自由；它是
58 所有人那同一个意志的［有益的］机构，正是它确定了，在法律的秩序中，人与人之间处于自然的平等；它是来自天国的声音，正是它规定了每个公民都要以公共理性为准则，并教导他们行事时要以其自身的判

① ［弗里德里希·席勒，《强盗》（*Die Räuber*），第一幕，第二场。］（卡尔·莫尔是剧中的一个角色。——译注）

断为准绳,而不要与自己相悖逆。”[①]

另一方面,对于法律的这种共同依赖也是任何一种社会依赖的唯一合法依据。一个政治共同体若是要求任何其他种类服从,那么它在底里上便是不健全的。要求共同体臣服于一个人或一个统治集团的意志时(统治集团从来都只不过是个体的联合而已),也就摧毁了自由。只有一种权威是“合法的”,那就是施加于个体意志之上的合法性原则,**即法律观念本身**。这个观念所要求的个人自始至终都只是共同体的一员,只是积极参与公意的一个工具,而并非独特的存在,也没有与众不同的个性。对于作为个体的个体,或是某个特殊阶层,都不能够授予其任何特权;不能够要求他做任何特别的努力。在这种意义上,执行法律必须“无视个人”。契约并非将所有人绝对地联结在一起,而只是联结自发地使自身消失于无形之中的这个或那个人。在法律以内,或是凭借法律之时,能够而且必须没有例外;更确切地说,只要对于单个公民或某些阶层颁布了任何一条例外的法令,那么出于法律的本性,就意味着法律观念和国家的崩解:社会契约解除了,人们重新陷入自然状态,在这里,其特征就是一种纯粹的暴力状态。[②] 59

在这种意义上,国家真正的根本任务就在于用人与人之间在法律上和道德上的平等,来取代那无法消除的物质的(physical)不平等。[③]物质的不平等不可避免,也不应予以谴责。卢梭将财产的不平等也包含在这一范畴之内,而财产的不平等本身——只是作为所有物分配的不平等——在其思想中只居次要的地位。《社会契约论》当中没有一处发展出真正的共产主义思想。对卢梭而言,财产的不平等是一种

① [“政治经济学”(“Economic politique”, Hachette ed., III, 283)。这篇文章原先是狄德罗的《百科全书》中的一个条目,它也被称为“论政治经济学”(Discours sur l’économie politique)。]

② 《社会契约论》,第二卷,第四章[Hachette ed., III, 321—323]。

③ 同上书,第一卷,第九章[Hachette ed., III, 317—318]。

adiaphoron［与道德无涉］，人们在多大程度上必须忍受体力、技艺与才智天赋上的不平等，就能够在多大程度上接受财产不平等这个事实。自由的领域到此处为止，命运的疆界从这里展开。

卢梭从未将国家构想为仅仅是个福利国家而已。与狄德罗和百科全书派的大多数人不同，他不认为国家只是用来分配幸福的。国家并不保证每个个体都享有同等份额的财产；它所关切的只是确保等量的权利与义务。因此，当财产的不平等危及法律治下的臣民在道德上的平等时——例如，当这种财产的不平等迫使特定阶层的公民在经济上不得不完全仰人鼻息，使他们有被富人与权贵玩弄于股掌之上的危险时——国家就有权利，也有资格对财产进行干预。在这种情况下，国家可以，而且必须干预。通过适当的立法，如对继承权进行某些限制，国家一定要力图保持诸种经济势力之间的均衡。卢梭的要求不过如此。

然而话又说回来，卢梭确实认为，正是社会的特征——这可以说是社会原本就有的耻辱——一直在利用经济上的不平等来确立其强力统
60 治与最严苛的暴政。托马斯·莫尔曾一针见血地指出，迄今为止，所谓的"国家"不过是富人给穷人设下的圈套，而卢梭则将这句话挪到了自己的文章中。富人对穷人说，"我富而你穷，因此你需要我，那我们就达成这样一个契约吧：我给你以为我效劳的荣幸，条件是你把所剩无几的东西给我，以报偿我为了指使你花费的力气。"[①]

卢梭并不反对这样的贫困。毋宁说，他与之斗争的，是因政治上和道德上的权利被剥夺而越积越多的痛苦，而这在当时的社会秩序中是不可避免的。"社会上所有的好处不都是给权贵和富人占去了么？所有赚钱的位子不都是他们坐着么？所有的优惠与豁免不都是给他们预备的么？公共的当权者不是总偏向于他们么？当一位要人抢劫了他的债主，或是犯下其他流氓行径，他不是总能免于惩处么？他打人、施暴，甚

① ［"政治经济学"（Hachette ed., III, 301）。］

至杀人、谋杀——他犯的这些罪不都是被捂住，半年之后就没人记得了么？但如果是这位要人遭到抢劫，那所有警察就都要立马出动了，他所怀疑的无辜者也要遭殃了！如果他路经一处危险的地方，就要有武装来护卫；如果他座驾的车轴断了，人人飞奔过去帮忙。[……]如果有辆车挡了他的道，他的手下就要把那车夫往死里打，宁可五十个忙于自己事务的老实的路人被压死，也不能耽搁了这个坐着马车游手好闲的恶
棍！这些照顾，他一个子儿都不用花——这是富人的权利，无需出钱来 61
买的。”[①]

卢梭本人饱受穷困之苦，但他一直用斯多葛式的平和从容来对付所有物质上的匮乏。另一方面，他从来都学不会容忍他人对自己的意志随意安排、指手画脚。这既是他的国家思想，也是他的教育思想的出发点。《爱弥儿》的基本思想就在于：在一名学生的成长道路上，物质的障碍一个也不要帮他移开，他将被教育成有独立意志和独立品格的人。他将受尽困苦、竭尽全力、尝遍艰辛，我们要为之操心的，仅仅是使他免于遭到外部意志暴烈的压制、免于接受他不理解其必然性的命令。从孩童时代一开始，他就处处受事物的强制，他将学会在其面前低头；但他将免于人类的暴政。

只有从下面这一基本思想的角度来看，我们才能完全理解卢梭的政治与社会理论的倾向：其本质上的目标固然是将个体置于具有普遍约束力的法律之下，但这一法律将设计得不让一丝变化无常与随心所欲有容身之处。我们应学会像服从自然律那样服从共同体的法律；我们不要像对待一种异己的指令那样默认这种法律，我们必须遵从它，那是因为我们认识到非要有它不可。当且仅当我们理解到，这种法律是如此自然，我们必须自由地去赞同它时；当我们将它的意义化为己有，

① “论政治经济学”，《全集》(in *Œuvres* Zweibrücken [Deux-Ponts], 1782, I, 237ff) [Hachette ed., III, 300]。

并能够将此意义吸取到我们自己的意志里去时，以上所述才有可能。

有了这种想法，那国家便面临着全新的要求与挑战，自柏拉图时代以降，如此坚定有力的要求与挑战几成绝响。因为国家的本质任务，也即一切统治的出发点与根基，便在于教育。国家并非简单地致力于现
62 存的和给定的意志主体；相反，它的首要目标是**创造出**能够听其召唤的那种主体。除非那种意志是如此形成的，否则想要控制它就只能是徒劳无功的空想。

常常有人对一般而言的社会契约理论，以及具体到卢梭的《社会契约论》表示反对，反对者认为，这是一种原子—机械式的理论，它视国家的普遍意志仅仅为所有个体意志的总和。但是这种指责误解了卢梭基本意图的本质。从形式上来看，卢梭在清晰明确地界定公意（volonté générale），以与众意（volonté de tous）相区别时，的确存在许多困难之处，我们在《社会契约论》中也确能发现不少地方看似在表明公意的内容纯然是由数量决定的，即是由个体投票的票数决定的。毫无疑问，卢梭的表述是有漏洞，但这些漏洞并不触及他根本思想的核心。

的确，卢梭绝没有把国家仅仅视作一个“联合体”，一个利益共同体或是维持诸多个体意志的利益均衡的天平。对他而言，国家并非只是某些性情、冲动与变化不定的欲望的经验集合，而是一种形式，在其中真正存在着作为伦理意志的那种意志。只有在那种国家中，意愿（willfulness）才能发展成意志（will）。法律在其纯粹与严格的意义上，并非只是控制诸多个体意志以防止其成为一盘散沙的外部约束；相反，法律是构成这些个体意志的原则，是在精神上确认并证明这些意志之正当的要素。法律要去统治臣民，但这统治只限于其每一道法令也同时能教育臣民，使之成为公民。

国家真正的目标就在于这一理想的任务，而不是个体的幸福与福利。但是要在本质上理解这项任务，人们必须将自身提升到迄今存在过的所有政治共同体的经验—历史的形式之上。将这些形式作一比

较，或是在概念上加以阐述和分类——就像孟德斯鸠在其《论法的精神》中试图做的那样——都不能真正证明国家之正当。卢梭旗帜鲜明地反对这种经验的、抽象的方法。“乍看上去，人类的一切制度似乎都奠基于流沙之上。只有当我们仔细考察这些制度时，只有当我们将这座大厦周围的沙尘清理干净时，它那稳固的根基才始现于我们眼前，我们才知道要尊重它的基础。”[①] 到那时为止，人类并不是在自由地设计国家，并在其中建立适于自身的秩序，却是成为国家的附属品。在人类能够理解，并在内心深处领会到国家的必然性之前很长一段时间，贫困匮乏就已经迫使他们进入国家状态并且使其一直滞留其中。 63

但是现在，必须打破这种局面。仅仅是因为贫困而迫不得已创制出的国家将要变成由理性创制出的国家。就像培根要求人的王国（regnum hominis）凌驾于自然那样，卢梭现在也对属于人类的领域——国家和社会——提出了同样的要求。只要这些领域还是交付给了纯粹的物质需求，还是由情感与激情掌管，只要这些领域还是在做权力与支配以及野心与自爱的本能的试验场，那么国家的力量哪怕只再增强一点，也都会给人类造成新的灾难。此前的社会已使人类背负了数不尽的罪恶，并使人类在舛误与邪恶之中越陷越深。但是人类并没有把这看作无法逃脱的命运而就此屈服。通过把命运握在自己手中，通过把“我不得不”换成“我愿意”和“我应该”，人类能够，而且应当将自己解放出来。将加之于此前所有的政治与社会发展之上的诅咒转变为祝福，这正是人类的事业，也是人类力所能及的。但要完成这项任务，他得先找到自己，并先理解自己。 64

卢梭的《社会契约论》将两个要求合而为一。国家与社会将在互相作用中发现对方；它们将一道成长，将一起现身世上，在这共同的成长中，二者变得难解难分。卢梭现在认识到，这样的人类不善也不恶，

① 《论不平等》，前言［Hachette ed., I, 82］。（译文参考中译本第68页。——译注）

不幸福也并非不幸；因为他的实质与他的形式并不是僵硬的材料，而是可塑的。而卢梭在共同体之中看到了这种最为重要的、最为本质的塑造力。他现在认识到，若是不对国家进行根本的变革，那么他所向往的新人类终不过是梦幻泡影。

就这样，不管表面上有什么矛盾，《论不平等》与《社会契约论》还是互相契合、互为补充的。二者之间的矛盾是如此之小，要解释其中的一方，我们只能通过对另一方的解释并结合另一方一起来解释才行。如果我们将《社会契约论》当作外在于卢梭著作的一个异数，那我们就不能理解其著作这一精神有机体。自始至终，卢梭都将全部的兴趣与激情投入了人的学说。但他开始明白，“人是什么？”与“人应当是什么？”这两个问题是分不开的。

在《忏悔录》中，他曾经毫不含糊地在这种意义上描述了自己内心的发展：“我已认识到，一切都在根本上与政治相关，不论如何着手这个问题，人们只能是被其政府的性质所造就的那个样子。因此在我看来，‘最好而且可能的政府’这个大问题就成了：哪种政府形式能塑造出最有德性、最开明、最智慧，总之是‘最好的’（此处就这个词最崇高
65 的意义而言）人民？”① 这个问题又将我们引向了另一个独立的问题：哪种政府形式由于其本性而能够在自身之中最彻底地实现纯粹由法律来统治？②

通过将这一伦理任务派给政治来做，并使政治服从于这一伦理律令，卢梭完成了他真正的革命。由于有了这一革命，在那个世纪无人可以与他相提并论。在他那个时代感觉到严重的政治与社会弊病，并对此公开发表自己观点的，卢梭绝不是第一人，也不是唯一一人。路易

① 《忏悔录》，第九卷（开头处）[Hachette ed., VIII, 288—289]。（译文参考《忏悔录》第二部，范希衡译，徐继增校，人民文学出版社，1983，第500页。——译注）

② [参见]《社会契约论》，第二卷，第六章[Hachette ed., III, 325—336]。

十四在位的辉煌岁月里，那时最高贵而深刻的头脑就已经敏锐地认识到这些弊病，并将之诉诸文字。费纳隆[*]一马当先；其他人，如沃邦[**]，布兰维里耶[***]和布阿吉尔贝尔[****]则紧随其后。①在18世纪，孟德斯鸠、杜尔哥[*****]、阿尔让松[******]，伏尔泰、狄德罗和霍尔巴赫加入了这一运动并使之延绵不绝。到处都有一股想要改革的真实而强烈的愿望；到处都是对旧制度毫不留情的严厉批评。然而这种想要改革的愿望却没有或明或暗地上升为改革的要求。百科全书派那个圈子里的思想家们想要改良和矫正；但他们中间几乎无人认为有必要，或者有可能去根本变革或改革国家与社会。若是能成功地祛除最糟糕的那些弊端，并引领人类逐渐进入较好的政治境况，他们就已经心满意足了。

所有这些思想家都是坚定的幸福论者；他们追寻人类的幸福，而且主张，只有通过缓慢、顽强的艰苦努力，只有在一次次的摸索试验之中，才能真正地促进并且确保这种幸福。他们期待在洞察力与智识修养上的进步将带来共同体生活的全新形式，但他们也宣称，总是只有少数人会有这种进步，因此改进的冲动只能是来自这些人。就这样，他们 66
对自由的所有要求使自己成了“开明专制”的倡导者。

伏尔泰并不满足于仅仅在理论上宣布并证明他的政治和社会理

* 费纳隆（Fénelon, 1651—1715）：法国作家、教育家。18世纪启蒙运动先驱。——译注

** 沃邦（Vauban, 1633—1707）：法国将领，军事工程师。也曾写过论法国税制改革的著作。——译注

*** 布兰维里耶（Boulainvilliers, 1658—1722）：法国历史学家，政论家。——译注

**** 布阿吉尔贝尔（Boisguillebert, 1646—1714）：法国经济学家，重农学派先驱。——译注

① 关于这一点，参见亨利·赛的文集《17世纪法国的政治思想》（*Les Idées politiques en France au XVIIe siècle*, Paris, 1923）。

***** 杜尔哥（Turgot, 1727—1781）：法国经济学家，重农学派代表。——译注

****** 阿尔让松（D'Argenson, 1694—1757）：法国路易十五时代的外交大臣。——译注

想。他本人也亲自出手，在生命的最后几十年间，他拥有最为广泛而有益的影响。通过个人的斡旋并利用自己在欧洲的声望，伏尔泰为许多非常重要的改革铺平了道路。他大声疾呼，要求个人的自由，要求废除奴隶制和农奴制，要求良心自由与新闻自由，要求工作的自由，要求从根本上改革刑法，要求对税收体制作出决定性的改进。①但他并不要求来一场根本的政治革新，他也不相信根本的伦理革新，所有这些想法与意愿他一概视之为白日梦和乌托邦，并用嘲讽挖苦将它们扫地出门。他声称自己十分清楚地知道，一切诸如此类的妄念既不能让人类更加善良，也不能使人类更为智慧，而只能是让人类在舛误和罪恶中越陷越深：

> 做事时总是犯错，
> 我们就是这个样子。
> 早上我制订诸多计划，
> 于是一整天都尽干傻事。②

这是伏尔泰的哲理讽刺作品《默农，或人类智慧》(*Memnon, ou La Sagesse humaine*)(1747)的开场白。它描述了一个人的命运，此人有一天决心变
67 得无比智慧——不向任何激情屈服，弃绝一切生活的乐趣而完全由理性指引。这一决定的后果是可悲的：默农最终处境凄惨而且颜面尽失。一个善良的精灵来到他面前，保证拯救他，但条件是他要从此永远摒弃变

---

① 详细情况参见古[斯塔夫]朗松的《伏尔泰》(*Voltaire*, Paris: Hachette, 6th ed., p.180)。

② [《全集》*Œuvres, ed. M. Beuchot*(*Paris: Lefèvre*, 1834—1840), XXXIII, 152](原文为法文：

"Nous tromper dans nos entreprise,
C'est à quoi nous sommes sujets.
Le matin je fais des projets,
Et le long du jour des sottises."——译注)

得无比智慧的愚蠢企图。这就是伏尔泰在其文学与哲学作品中所坚持的基本倾向。对他而言,智者并不是将自身从所有的人类弱点与缺陷中解救出来,而是看透这些弱点与缺陷并利用它们来指引人类。“望愚者聪明,真个是愚蠢!聪明的后生,对那些蠢人,要愚弄他们,这才是应当!”[①]

下一代更为年轻的那些百科全书派成员们超越了伏尔泰的政治观念与要求。狄德罗没有停留在开明君主制的观念的范围之内;他发展出明确的民主观念与理想,还极其幼稚地将之提交给他的女赞助人俄国的叶卡捷琳娜二世,后者视之为荒诞不经而置之不理。[②]但狄德罗也只是满足于细枝末节;他也同样认为,一剂猛药救不了政治世界与社会世界。百科全书派在精神上的真正标记是政治机会主义。霍尔巴赫在宗教与形而上学方面将激进的逻辑推至极致,他已达到了一种融贯的无神论的地步,但在这个问题上他却也没有成为例外。在其社会体系的草图中他大声说道:“不,国家的创伤无法通过危险的动乱,无法通过斗争,通过弑君与徒劳的罪行来治愈。这些虎狼之药比之其所意欲医治的邪恶总是 68
更为残暴。[……]理性的声音既不煽风点火,也并非嗜血好杀。它所提议的改革也许是缓慢的,但却也因此而计划得更好。”[③]整个百科全书派都觉得在卢梭的政治与社会体系中所缺乏的,正是这种小心翼翼,这种审慎,这种对所有情况的精明而谨慎的权衡。[④]天才数学家与独立的哲学思想家达朗贝尔体现了百科全书派的所有理想,他对于卢梭《爱弥儿》

① [歌德,“科夫塔之歌”,《宴歌集》(“Kophtisches Lied”, in *Gesellige Lieder*)](译文引自《歌德诗集》上,钱春绮译,上海译文出版社,1982,第193页。——译注)

② 关于狄德罗的政治理论及他与叶卡捷琳娜二世之间的关系,参见莫利的《狄德罗与百科全书派》(*Diderot and the Encyclopaedists*, 1878; new ed., London, 1923, II, 90ff)也可参见亨利·塞,《18世纪法国政治思想的演变》(Paris, 1920, pp.137ff)。

③ 霍尔巴赫,《社会体系》(*système social*, [Partie] II, [Chap.] ii, [Paris: Niogret, 1822, p.345])。

④ 关于卢梭的政治理论与百科全书派的政治理论之间的关系,参见勒[内]·于贝尔的杰作《〈百科全书〉中的社会科学》(*Les Sciences sociales dans l'Encyclopédie*, Paris, 1923)。

的批评的核心就是这一要求：痛斥邪恶毫无用处；人类必须找到办法来对付邪恶，而哲学所能提出的办法只不过是治标不治本，聊胜于无而已。“我们再也无法击败这个敌人；在这片土地上，他已经长驱直入，使得我们无法将其驱逐出境；我们的任务便降为和他打游击战。”①

但是卢梭的个性与心性使这样一种游击战，这样一种达朗贝尔所说的小打小闹（guerre de chicane）不合卢梭的胃口，他也没有能力进行这样的战争。他并不比百科全书派更是一名行动的革命者；他从未想要直接介入政治。卢梭，这个流浪者和怪人，他躲避着市场的骚动与争斗的喧嚣。然而，真正的革命动力却正是来自他，而不是那些代表并主宰着法国当时公众思想状态的人。他不关心一个个的邪恶，也不去找一个个救治的办法。他与现存的社会不作任何妥协，也不试图缓解表面上的症状。他拒绝一切局部的解决办法；自始至终，他笔下的每一个字都表明，
69 他孤注一掷，认定成败就在此一举。因为在他看来，国家既不创造和维护幸福，也不护卫和增强权力。他用法治国家（Rechtsstaat）的观念来反对福利国家与权力国家的观念。对卢梭而言，这不是一个或多或少的问题，而是一个非此即彼，二者必居其一的问题。

可能只有一名不仅仅是思想家的思想家，一个不单单由大脑支配，而是受伦理律令驱策的人才会如此这般激进。这就是为什么18世纪里产生的那位唯一的绝对伦理的思想家，那位“实践理性至高无上”的倡导者，几乎是在这一点上完全理解卢梭的唯一一人。当康德写道，如果不能使得正义获取胜利，人类存在于世间便没有任何价值时，他表现出一种真正的卢梭式的思想与情操。确实，卢梭本人没能在理论上挣脱主宰着18世纪所有伦理学的幸福论的束缚。从一开始，他的整个思想都为幸福问题所驱动：其目标便是将德性与幸福和谐地结合在一起。

① 达朗贝尔，“对《爱弥儿》的看法”，《全集》（“Jugement d’Emile” in *Œuvres*, Paris: Didier, 1853, pp.295ff）。

在此处，卢梭求助于宗教；他对于不朽坚信不疑，在他看来，这是唯一有可能导致并确保“幸福(Glückseligkeit)”与“配享有幸福(Glückwürdigkeit)”最终结合起来的途径。在致伏尔泰的信中他写道：“形而上学的一切玄妙都不会让我有片刻怀疑灵魂的不朽或是存在着一位仁慈的上帝。我感觉到它、我相信它、我想要它、我盼着它，只要一息尚存我就要捍卫它。”① 但是，如果我们像最近那份对于卢梭思想的全 70
面描述那样，② 试图将这一点作为其学说的核心，如果我们将其学说作为“在人类生存中幸福与德性如何才能协调一致?”这一问题的解答，那我们就错了。因为，即使用的是幸福论的措辞，但在内里，卢梭已超越了此问题的这种表述。与伏尔泰和狄德罗不同，他的伦理与政治理想并不追求纯粹的功利目标。他并不过问幸福或者功利；他所关切的是人类的尊严，以及确保与实现人类尊严的方式。

卢梭从未特别关注过自然的(physical)邪恶；对此他几乎无动于衷。面对它，唯一的办法就是鄙视它并学会适应它，这一根本思想也正是卢梭《爱弥儿》中教育方案的中心所在。但是对于社会的邪恶，这种解决办法是无效的。社会的邪恶让人无法容忍，因为它就不应该被容忍；因为它所剥夺的不是人类的幸福，而是人类的本质与命运。在这一点上不允许作任何让步，任何变通或是屈服。被伏尔泰、达朗贝尔和狄德罗视之为不过是社会的缺陷，不过是机体中必须逐渐清除的错误的，在卢梭看来却是社会的罪孽。一次又一次，他言辞激烈地斥责有着此种罪孽的社会，并且要求赎罪。有人主张，社会的邪恶乃是出于赤裸裸的需求和无可避免的必然性，对此他决不同意；有人诉诸千百年来的经

① 致伏尔泰，1756年8月18日［Hachette ed., X, 133］。(此处原文为法文：“Toutes les subtilités de la Métaphysique ne me feront pas douter un moment de l'immortalité de l'âme et d'une Providence bienfaisante. Je le sens, je le crois, je le veux, je l'espère, je le défendrai jusqu'à mon dernier soupir.”——译注)

② 参见欣兹，《让—雅克·卢梭的思想》(Paris, 1929)。

验，他也予以否定。由过去所作出的判决对他是无效的，因为他冷静地着眼于未来，并将为人类带来崭新未来的任务交给了社会。

如此一来，我们就面临着一个新问题，它将使我们离卢梭思想世界
71 的真正中心更近一步。众所周知，康德曾宣称，卢梭的成就无异于解决了神义论问题，并因此将他与牛顿相提并论。“牛顿第一个看到了十分简明的秩序与规律，而此前是混乱无序以及不相匹配的多样性占统治地位。从此以后，彗星就在几何学的轨道上运行了。卢梭第一个在人类所呈现出的千姿百态之中发现了深藏于其间的人类天性，并第一个觉察出证明天意之正义的隐秘法则。在他们以前，阿方索和摩尼[①]的反对仍然有效。在牛顿与卢梭之后，上帝被证明是正义的，自此之后，蒲柏（Pope）的箴言[②]才是真的。”[③]

---

① 阿方索十世（Alfonso X, 1221—1284）：1252至1284年为西班牙地区卡斯蒂利亚和莱昂的国王。1257年在萨克森等几个选帝侯的支持下被册封为神圣罗马帝国皇帝。他大力推广于1272年完成的阿方索星表（Alfonsine Tables）在此后两个世纪内被认为是最好的天文表，天文学家可据之推算日月食及任何时刻的行星位置。

摩尼（Manes, 216？—276？）：伊朗人，摩尼教创始人，持二元论教义，谓精神为善，物质为恶，二者混合而成世界。

② 此处所说“蒲柏的箴言”，可能指的是其在《人论》中的这一段：

“整个自然都是艺术，不过你不领悟；
一切偶然都是规定，只是你没看清；
一切不协，是你不理解的和谐；
一切局部的祸，乃是全体的福。
高傲可鄙，只因它不近情理。
凡存在的都合理，这就是清楚的道理。”

（王佐良译，《英国诗选》，王佐良主编，上海译文出版社，1988，第164页。）

③ 康德，《全集》（*Werke*, Hartenstein），VIII, 630。[参见莱布尼茨《神义论》（*Theodicy*, Part Two, Par, 193）。“有些人坚持认为上帝本可以做得更好。实际上，这就是著名的阿方索——那位被几个选帝侯选为罗马皇帝的卡斯蒂利亚国王，那以其名字命名的星表的推广者——所犯的错误。据认为，这位国王曾说过，如果上帝在创世之时向他咨询的话，那他本来能够给上帝提出好的建议。”]

这几句话古怪而难以解释。卢梭“觉察出了些什么”来证明上帝之道是正义的？有关神义论问题，卢梭给莱布尼茨、沙夫茨伯里和蒲柏的想法又添了些什么新的原理？在此问题上他所说过的一切难道不是老生常谈，不是为整个18世纪所熟知的么？而且无论如何，康德本人所摒弃的难道不正是教条主义的形而上学的基本形式么？他后来在一篇特别的论文“论神义论中一切哲学尝试的失败”(Über das Misslingen aller philosophischen Versuche in der Theodizee)[①]中，难道不是将教条主义的形而上学的所有缺陷暴露无遗了么？然而，即便是身为纯粹理性与实践理性的批判者，康德对于卢梭的评价也从未动摇过。他看穿了表面上的形而上学的证据链。他领会了卢梭根本的伦理与宗教见解的核心，在那见解中，他也认清了自己的见
解。如我们所知，卢梭的《爱弥儿》是康德最钟爱的著作之一，此书 72
一开篇就宣称：“出自造物主之手的东西，都是好的，而一到了人的手里，就全变坏了。”[②]于是上帝似乎不再负有责任，一切邪恶被归咎于人类。

然而，这带给我们了一道难题和一个貌似无法解决的矛盾。因为那一再宣扬人性本善，并将这一学说作为自己思想之核心与中枢的人，不恰恰是卢梭么？如果人性在其原初状态中免于邪恶与罪孽，如果人性不知彻底堕落为何物，那又怎能将邪恶与罪孽赋予它呢？卢梭的思想正是不断地一再围绕着这一问题展开的。

对于我们来说，神义论问题是一个历史上的问题。我们不再把它当作一个与我们切身相关、逼迫着我们作出回答的当下的问题。但在

---

① ［康德，《全集》。In 1791. Kant, *Werke*, ed. By Ernst Cassirer (Berlin: B. Cassirer, 1912—1922), VI, 119—138.］

② ［Hachette ed., II, 3.］(原文为法文：“Tout est bien en sortant des mains de l’Auteur des choses; tout dégénère entre les mains de l’homme.” 中译文引自《爱弥儿》，李平沤译，商务印书馆，2004，第5页。——译注)

17和18世纪，人们对这一问题的关注却绝不仅仅是概念与辩论游戏。那个时代最为深刻的精神对它始终全力以赴，并将之视为真正攸关生死的伦理与宗教问题。卢梭也发现自己因为这个问题而在内里上束缚于宗教并植根于宗教。他与那个世纪的哲学为敌，继续着为证明上帝之正义的古老战争，结果他就和百科全书派运动，与霍尔巴赫及其周围一圈人起了争执。

然而他将发现，在这一点上自认为是一个真正的“信仰捍卫者”的他，会遭到最为无情的反对、迫害，甚至被那一信仰的官方维
73 护者逐出教会。对卢梭生命的一个可悲的误解，就是有人认为他从未理解这场斗争的意义，仿佛卢梭从来只看到了针对他的迫害当中的残暴与专断。然而，从一种纯然历史的观点来看，这种看法对于教会并不公平，在某种意义上，对于卢梭本人也不公平。实际上，这里涉及了一个无可回避的决定，它对于世界史与文化史来说都至关重要。尽管卢梭有着一腔纯正而深厚的宗教情感，但正是他拒斥所有关于人类**原**罪思想时的决绝，使得他和一切传统信仰从此永隔。

此处不可能有任何谅解或调和：在17和18世纪，原罪这一教义位于天主教神学与新教神学的中心和焦点。那时所有大的宗教运动都朝向这一教义，并在此处汇集。在法兰西围绕詹森主义的斗争，在荷兰戈马尔派（Gomarists）与阿米尼乌斯派（Arminians）之间的争斗，清教在英格兰以及虔敬派在德意志的发展——它们都以此为标志。而现在，认为人性根本邪恶的这一基本信念将发现，卢梭是一个充满危险而且誓不妥协的对手。

教会对于这种局势完全是心知肚明：它立刻就十分明确肯定地作出了决议。巴黎大主教克里斯托·德·博蒙（Christophe de Beaumont）在训令中判《爱弥儿》为禁书，他主要强调的便是卢梭否定原罪。他断言道，声称人性一开始时的情感总是天真善良的，与《圣经》及教会关

于人类本质的所有教义都截然相反。[①]

现在，卢梭看上去使得自己陷入完全不堪一击的境地：一方面，他反对教会，主张人性本善以及人类理性之正当(right)与独立；另一方 74
面，他却拒斥这一理性最为高贵的成就——艺术、科学和所有精神方面的修养。他还能理直气壮地抱怨自己完全孤立么？这孤立正是因为他自己与信仰的主要形式分道扬镳，与那场哲学的启蒙运动发生了争执而产生的啊。除去这一外部的孤立，他现在看来还因为无法解决的内在困境而饱受折磨，从此之后，神义论问题之晦涩难解好像让人完全琢磨不透。因为，如果我们既不能将邪恶追溯至上帝，也不能在人性的特征中找到其原因，那我们又要到哪里去找它的根源呢？

卢梭对这种困境的解决办法是将责任置于一个前人未曾想到的地方。可以说，他创造了一个新的负责者，一个新的“罪魁”。这个负责者不是个人，而是人类社会。就其本身而论，当个体从自然之手中产生出来的时候，他还谈不上什么善与恶：他完全让自己听命于自保的自然本能。他由自爱(amour de soi)所掌控；但这自爱永不会堕落为“自私之爱”(amour propre)，唯一能令后者满意的乐趣便是压迫他人。自私之爱当中含有一切将来之堕落的原因，也培养了人类的虚荣以及对权力的渴望，我们只能把它算在社会的头上。正是自私之爱让人类成了自然与他自己的暴君；正是自私之爱唤醒了人类心中那自然人闻所未闻的需求与激情；同时，也正是自私之爱让人类掌握了不受约束、永不停息地满足这些欲望的最新方式。我们迫不及待地要成为人们谈论的话题，我们野心勃勃地要在他人面前出人头地——所有这些让我们总

① 参见“巴黎大主教阁下训谕，查禁《爱弥儿》一书”。(Mandement de Monseigneur l’Archevêque de Paris, portant condamnation d’un livre qui a pour titre “Emile”) ([Rousseau], *Œuvres*, éd. Zweibrücken [Deux-Ponts], Suppléments, V, 262ff.)[Hachette ed., III, 45—57]。

75 是远离自身，并且可以说是将我们抛到了自身之外。[①]

然而，此种异化乃是**每个**社会的本质吗？我们难道就不能设想，有一种发展是朝向真真正正的人类共同体么？这种共同体不再需要权力、贪婪和虚荣作为动力，而是完全植根于共同服从的法律，人们发自内心地认为该法律具有约束力量而又必不可少。如果这样的共同体得以产生并且长久存在，那么作为社会邪恶的恶（如我们所知，在卢梭的诸多考虑中只有这一点才是唯一重要的）将被克制与消除。当社会现在的强制形式被打破而由政治和伦理共同体的自由形式取而代之时——在这个共同体中，每个人都认识到并且承认公意是他自己的意志，每个人只服从公意，而不是去服从他人的意愿——那么获得拯救的时刻就来临了。但是，期望通过外部帮助来实现这种拯救却是徒劳的。没有任何神祇能将之赐予我们；人类必须成为自己的救世主，而且在伦理的意义上，人类必须成为自己的创造主。在目前的形式之下，社会已给人类造成了最为严重的创伤；但也只有社会才能，而且应该治愈这些创伤。责任的重担从今而后就落在了它的肩上。

卢梭就是这样解决神义论问题的——这样，他的确将这个问题置于一片全新的天地之中。他将这一问题带出了形而上学的领域，并将其置于伦理学与政治学的中心。他这样做，就给予这个问题一种至今仍然经久不衰、持续有效的刺激。所有当代的社会斗争仍是由这种最初的刺激所推动和驱策的。它们都立基于意识到了社会的**责任**，而正是卢梭第一个具有了这种意识，并将之灌输给了所有的后来人。

17世纪还不知道这种观念。当那个世纪正处于其鼎盛期的时候，波舒哀[*]再次宣扬那古老的神权政治的理想，并绝对地、无条件地将它

① 《论不平等》（*Œuvres*, Zweibrücken［Deux-Ponts］, pp.75ff., 90ff., 138ff., and elsewhere）［Hachette ed., I, 71—152 passim］。

* 波舒哀（Bossuet, 1627—1704），法国天主教主教。——译注

确定下来。国家与统治者合而为一，统治者不受任何人力左右，不受任 76
何人的控制；他只对上帝负责，也只有上帝才能责问他。这种神权政治的绝对主义激起了17和18世纪自然法的坚决反对。自然法不是神法，而是一种专属人类的法，它一视同仁地约束着所有人（统治者与被统治者）的意志。但是，即使是对于原初的、不可让渡的“人权”的宣告也没有直接打破强制国家的形式，虽说这限制了其权力。在《社会契约论》中，卢梭仍与格老秀斯争论不休，因为后者无论如何都认为奴隶状态可能是合法的。格老秀斯主张，社会从最初的契约中产生，这最初的契约有可能证明奴隶状态之正当。譬如，一个国家的征服者可以与亡国者订立契约，征服者保证亡国者生命安全，条件是后者将自己以及子孙后代交给胜利者而成为他的财产。与之截然相反的是，卢梭视这些保留条款仅仅是形式上的法学建构而愤怒地将之扔在一旁。他反对它们，坚持“我们与生俱来的权利”，并且认为任何形式的奴隶状态都侵犯了这项权利。如果我们说奴隶的儿子生来便是奴隶，这无异于是说他生来就不是人。[①] 真正的、合法的社会永远不能允许有这样的说法；因为社会如果不是那概莫能外、无人可从中脱身的**公意**的守护者，那它就什么也不是。

于是，卢梭对于神义论的解决办法，就是不再让上帝来肩负责任的重担，而改由人类社会承担。如果社会不能挑起这副重担，如果社会在自愿负责的情况下没有完成其自决（self-determination）对它的要求，那
它就是有罪的。确如人们已经指出的那样，卢梭的“自然状态”说与基 77
督教天真状态的教义之间在形式上有着十分明显的相似之处。卢梭也确信人类是从天真的乐园被逐出的；他也在人类发展为理性动物的过程中看到了一种“丧失神恩”（fall from grace），这让人类永远失去了此

① 《社会契约论》第四卷，第二章，特别是第一卷，第四章［Hachette ed., III, 368, 309—312］。

前一直享有的可靠的、有保障的幸福。但是就这一点而言，如果说卢梭谴责了将人类和其他一切生物区别开来的“可完善性”这一天赋①，那他同样知道，也只有通过这一天赋才能带来最终的解救。只有通过这一天赋而不是通过神的帮助和拯救，人类才将最终获得自由并掌握自己的命运：“因为仅有奢欲的冲动便是奴隶状态，而唯有服从人们自己为自己所规定的法律，才是自由。”②

只有在这种语境之下，我们才能对卢梭的“乐观主义”这一颇富争议的问题有正确的观照。乍看上去让人觉得奇怪的是，这位陷入沉思的忧郁隐士，这个终老于漆黑一片中并与世隔绝的失望者，直至生命终点却仍坚持着乐观主义，并成为其最热诚的支持者之一。在与伏尔泰的通信中，卢梭曾经指出，他这个命运的弃儿，这个被追捕和被社会抛弃的人，却来捍卫乐观主义，并反对声名显赫、享尽世间好事的伏尔泰，这真是个可悲的矛盾。但是如果我们看到卢梭和伏尔泰是在两种迥然不同的意义上来理解乐观主义问题的话，那么这个矛盾也就涣然冰释了。对伏尔泰而言，这在根本上不是一个哲学问题，而纯然是一个脾气性情的问题。在生命的头几十年里，他不仅毫无节制地纵情于生命中
78 的所有享乐，而且还为之摇旗呐喊、大唱赞歌。在衰败堕落不堪的摄政时期，他还成了这一时期的辩护士。他的哲理诗《俗人》为他那个时代唱起了颂歌：

> 我嘛，我要感谢圣明的自然，
> 她为了我好，使我降生于这个时代，
> 而卑劣的诋毁者却对之横加指责；

---

① 参见《论不平等》，第一部分[Hachette ed., I, 90]。

② 《社会契约论》，第一卷，第八章[Hachette ed., III, 316]。（此处原文为法文：“Car l’impulsion du seul appétit est l’esclavage et l’obéissance à la loi qu’on s’est prescrite est liberté.” 译文引自中译本第26页。——译注）

这个凡尘俗世正合我意。
我喜欢奢华，甚至喜欢淫逸，
我爱一切享乐，爱所有种类的艺术，
喜好风雅、情趣和装饰；
所有有教养的上等人都作如是想。

…………

地里的黄金与水下的珍宝，
水下、陆上和空中的生物，
所有这一切都为了这个世界的奢侈和享乐而服务——
啊，这黑铁时代是多么好！[①]

① 伏尔泰，《俗人》，《全集》(*Le Mondain*, 1736, in *Œuvres*, Paris: Lequin, 1825, XIV, 112)。(原文为法文：

"Moi je rends grâce à la nature sage
Qui, pour mon bien, m'a fait naître en cet âge
Tant décrié par nos tristes frondeurs;
Ce temps profane est tout fait pour mes mœurs.
J'aime le luxe, et méme la mollesse,
Tous les plaisirs, les arts de toute espèce,
La propreté, le goût, les ornements;
Tout honnête homme a de tels sentiments."

……

"L'or de la terre et les trésors de l'onde
Leurs habitants et les peuples de l'air
Tout sert au luxe, aux plaisirs de ce monde,
O le bon temps que ce siècle de fer!"——译注)

伏尔泰后来好像对于这种颂扬颇为懊悔。里斯本地震把他的镇静与自得全都吓没了，他几乎成了一个道德传教士，去和可以漫不经心地略过
79 如此之恐怖的一代人作对：

> 里斯本已不复存在，比之依然安乐的伦敦或巴黎
> 她难道犯下了更多的恶行？
> 里斯本被毁，而巴黎却歌舞升平！

显然，伏尔泰现在用这首回心转意之作，来反对先前的颂歌：

> 我曾用不那么哀惋的调子
> 歌颂这些怡人的愉悦，
> 它们是引导我们的法则。
> 时过境迁：岁月给我教诲。
> 迷途的人们同样软弱，
> 我在深沉的黑夜里寻找光明，
> 只感到痛苦，却毫无怨言。[1]

---

① 《咏里斯本的灾难》，《全集》(*Poème sur désastre de Lisbonne*, 1756, in *Œuvres*, XII, 186)。(原文为法文：

"Lisbonne, qui n'est plus, eut-elle plus de vices
Que Londres, que Paris plongés dans les délices?
Lisbonne est abîmée et l'on danse à Paris!"

"Sur un ton moins lugubre on me vit autrefois
Chanter des doux plaisirs les séduisantes lois:
D'autres temps, d'autres mœurs: instruit par la vieillesse
Des humains égarés partageant la faiblesse
Sous une épaisse nuit cherchant à m' éclairer
Je ne sais que souffrir, et non pas murmurer." ——译注)

伏尔泰不愿抱怨世间的苦难，而是将乐观主义的“体系”给牺牲掉，继续挥洒才智，在《老实人》(*Candide*)中，他尽情地嘲讽了这一体系。性好讽刺的伏尔泰在书中表现了前所未有的尖刻，但这种尖刻却绝不是刻毒。从根本上来说，自年轻时候开始，伏尔泰对于生活的态度就几乎一直未曾改变。和以前一样，他现在是将最尖锐的怀疑主义与对这个世界和生活的坚决肯定结合在了一起。

在哲理故事《如此世界，巴蒲克所见的幻象》(*Le Monde comme il va, Vision de Babouc*, 1746)[①]中，这两种基调表现得最为清楚明白。最
高阶的天使伊多里埃(Ituriel)令巴蒲克前往波斯帝国的首都去察看人 80
们的活动与这个城市的风俗。保留或是毁灭波斯波利斯(Persepolis)要以巴蒲克的报告和裁定为依据。巴蒲克于是便对这个城市完全熟悉了。他看到了不受约束的暴行；他了解到官员滥用职权、傲慢无礼，法官贪赃枉法，商人尔虞我诈。但在同时，他也看到这座城市自有其荣耀，自有其恢宏，有其精神之文明与社会之文明。于是他拿定了主意。他将一尊小小的铸像带给伊多里埃，这是城中手最巧的金匠用各种金属——包括最宝贵的与最不值钱的——为他打造出来的。他问天使：“您会因为这漂亮的铸像不是全由黄金和钻石铸就而成，就将之打破么？”伊多里埃明白了：“他决定甚至都不去想要矫正波斯波利斯，而是让**那个世界自行其是**；因为，他说这一切就算不是很好，至少也还过得去。”*

这就是伏尔泰对这个世界以及世间生活的最后断言。甚至他的悲观主义也仍然是戏谑的，而卢梭乐观主义中却满是悲剧的庄严，并以这庄严为支撑。因为，即便卢梭给感觉和感官激情的极乐着上了最为明

① [《全集》(*Œuvres*, ed. By M. Beuchot, XXXIII, 1—26.)。]

* 原文为法文：“Il résolute de ne pas méme songer à corriger Persépolis, et de laisser aller le monde comme il va; car, dit-il, si tout n’est pas bien, tout est passable.”——译注

亮的色彩他也不会满意，还要给这幅图画配上一个阴暗的背景。他不认为应该无拘无束地沉溺于激情，而是要求人类要有克己的力量。只有在这种力量中，生活的意义与价值才在他面前显现出来。卢梭的乐观主义是他最喜爱的作家普鲁塔克（Plutarch）的那种英雄乐观主义，是古代历史中伟大典范人物的那种英雄乐观主义，卢梭喜欢从这些人那里汲取灵感。他要求人类应该理解自己的命运，并主宰自己的命运，而
81 不是迷失于对生存苦难的徒然哀叹而不能自拔。他所有的政治理想和社会理想全都产生于这一要求。卢梭本人在其《忏悔录》中说，当他全神贯注于创作《论不平等》时，有一种冲动一直在推动着他，那就是向人类大声喊："没完没了地抱怨自然的愚人们，要知道，你们一切烦恼都来自你们自身！"[①]

就这样，这位人们眼中的"非理性主义者"最终却拥有对理性最为坚定的信念。对卢梭而言，相信理性必胜与他相信真正的"世界大同的宪政"必胜是一致的。这一信念也由他传给了康德。当康德将建立一个普遍施行法律的公民社会作为人类最重大的问题时，当康德视人类历史在大体上是大自然一项隐蔽计划的实现，为的是要成就一种内在完美，并且为此目的也就是外在完美的宪政时，他就表现出了一种卢梭式的见解与心态。只有在这种状态中，也只有通过这种状态，神义论问题才能得以解决。证明上帝之正义，这正是人类的事业与最崇高的使命——但不是通过对幸福与不幸、善与恶作形而上学的沉思来证明，
82 而是照着人类所想要生活于其中的秩序，来自由地创造、自由地塑造秩序。

① 《忏悔录》第八卷。[Hachette ed., VIII, 277.]

卢梭问题　二

如果我们试图在其历史意义上来理解卢梭的成就，如果我们试图通过其直接影响来描述卢梭的成就，那么似乎可以将这影响归结于一点。卢梭对他那个时代所做出的独特的新贡献，看来就在于他将那个时代从理智主义的控制下解放了出来。他用感情的力量来反对理性主义知性的诸种力量，而18世纪的文化就是以后者为依托的。他挑战反思和分析理性的权力，成为激情及其不可抗拒的原始力量的发现者。事实上，有一股全新的生命潮流渗入法兰西精神之中，威胁着要瓦解它已然确立的一切形式，要淹没它精心筑就起来的堤坝。

在此之前，18世纪法国的哲学和诗歌都不曾被这一潮流所触及。即使是诗歌也忘记说那感情与激情的基本语言很久了。而古典悲剧的模式一直僵化不变；其所源出的英雄冲动也已不再有力。此后，悲剧仅仅是重复过时的主题而已；它那令人悲伤的、真诚而强大的力量衰竭并最终消解于区区修辞之中。伏尔泰的戏剧使悲剧开始沦为分析与辩论的奴隶。为获得悲剧诗的桂冠而不懈努力的伏尔泰本人还是一位十分敏锐的观察家与批评家，这就使他无法对这种退步与衰落视而不见。在《路易十四时代》中他无可奈何地承认，戏剧的古典时代已经结束， 83
现在这个时期只有模仿而不会有任何基本的感情。“不要以为伟大的悲剧激情与伟大的情操总能以一种崭新而惊人的方式变换无穷。万事万物皆有其极限……天才只持续一个世纪；此后它必定衰退。”①

在抒情诗领域中，这种沉寂甚至更为触目。卢梭出现之前，自发抒情的情绪在法国看似几乎完全枯竭。法国的美学好像已将抒情这一名目和类别忘得一干二净。布瓦洛的《诗艺》(*Art poétique*)试图仔细地将诗歌的所有种类一一划出——悲剧诗、喜剧诗、寓言诗、教诲诗、诙谐诗——并为每一种都制定规则。但在诗歌形式的这种分类与整理之中却没有抒情诗的一席之地；没有任何独特的本质属性被赋予它。既然美学将诗歌形式越来越当作只是一种外部的装饰、次要的附属，是妨碍了而不是有助于艺术的真实与再现，那么从此种过程中美学看来只能得出唯一一个合乎逻辑的结论。有了像丰丹内勒和拉莫特—乌达尔这样的作家，美学便对散文大加颂扬；据称只有散文才能够在措辞与思想方面达到最高度的清晰，因为它为了让题材用其简朴的“自然性”(naturalness)表达自身，便避免含糊不清和使用隐喻。为符合这
84 种自然性的要求——即智识上的清晰明确——拉莫特在翻译《伊利亚特》时甚至试图删削荷马②。他还力求让悲剧和颂诗重新使用散文的形式，为的是将它们从其虚假的热情，讽喻和说教以及**孟浪之言**(figures audacieuses)中解放出来。

如果说即使有上述的这一切，诗歌这一体裁在18世纪毕竟依然存在的话；如果说诗体确实获得了前所未有的灵活流畅的话，那么这种存在和流畅在很大程度上是由于诗歌实际上已不再担负任何名副其实

① 伏尔泰，《路易十四时代》，(*Siècle de Louis XIV*)第三十二章。(原文为法文：“Il ne faut pas croire que les grandes passions tragiques et les grands sentiments puissent se varier à l’infini d’une manière neuve et frappante. Tout a ses bornes ... Le génie n’a qu’un siècle, après quoi il faut qu’il dégénère.” ——译注)

② 拉莫特—乌达尔(1672—1731)：法国作家。他不懂希腊语，但他以达西埃夫人(Madame Dacier)的译文为底本重新翻译了《伊利亚特》，对于这样的翻译，他自己也说：“我不能够同意的地方，我便随意改动。” ——译注

的诗的实质。诗体成了被塞进思想的一副空壳。它是以说教为目的的便利手段，并为此披上哲学真理与道德真理的外衣。所以，就在这诗歌层出不穷、产量居高不下的时候，诗的源头活水却全都干涸了；于是，在法国文学史上被称为“无诗意之诗”（la poésie sans poésie）[①]的时代开始了。

只有卢梭一人破除了这个加之于法国语言和诗歌之上的魔咒。他连一首严格说来可被称作抒情诗的创作都没有，但却发现了抒情的世界并使之复活。在卢梭的《新爱洛漪丝》中，这个几乎被人遗忘的世界得以显现，正是这深深打动并强烈震撼了他同时代的人们。他们在这部小说中看到的不仅仅是想象的创造力。他们感到自己从文学领域移到了一种新事物的核心中，并被一种对于生命的新感情所充实。卢梭是察觉到这种新生命（vita nuova）的第一人，也是唤醒他人心中这种新生命的第一人。在他自己心中，这种感情来自与自然（nature）的水乳交融，从他精神自觉的第一次觉醒开始，他就一直在培育着自然。他再一次教自然说话，而他从未忘记在其童年和青少年时期就学会的自然的语言。在回避一切人际交往，成为一个孤单的厌世者之后，他一头扎进自然的语言之中并久久沉醉于其间。《卢梭审判让—雅克》的第一次对话当中他这样描述自己：“从友谊的甜蜜神话中醒悟过来［……］在人类之中找不到正直，找不到真理，也找不到任何一种感情［……］而没 85
有了这些，所有社交都不过是虚幻而已，我退回到自身之中；在与自己和自然相处时，一想到我并不孤独，一想到我不是在和一个没有感情的死物说话时，我就品尝到无穷无尽的甜蜜［……］这个时代里那些幸福之人的哲学一直为我所不取；它不是为我预备的，我所追寻的哲学更适宜于心灵，在逆境中给人更多慰藉，并且更加鼓舞人朝向德性。”[②]

① 参见古斯塔夫·朗松，《法国文学史》，第五部分，第二章。

② ［第一次对话（Hachette ed., IX, 144—145）。］

在《新爱洛漪丝》的第一部分中，卢梭展示了最深沉和最纯粹的抒情力量，这力量存在于他那描写人类一切情绪与激情的能力之中，就好似被包裹在一层对于自然万分敏感的气息里面。在这里人类不再仅仅立于自然的"对面"——自然不再是他只作为旁观者和观察者所观赏的一出戏剧；他沉浸于自然的内在生命之中，并随着自然本身的节奏而动。就是在这当中，卢梭发现了一种永不枯竭的幸福的新源头。

1762年，卢梭在蒙特默伦西给马勒泽布的一封信中写道："您把我看作最不幸福的人，我没法告诉您这让我有多么难过。要是全世界都知晓我的命运该有多好！果真如此的话，每个人都会想要和我一样的命运；世上将一片安宁；人类将不再设法互相戕害。但当我孤身一人之时，又是什么使我满心喜悦呢？是我自身，是整个宇宙，是一切现实与可能，是那感觉世界、想象世界和心灵世界中的所有美丽。

"生命中的哪个时期让我在不眠之夜回想起来最是欣然，哪个时期又最是让我频频梦回其间？不是我年轻时候的快乐——它们太稀薄了，与痛苦也过于纠缠不清，而且也离我太远——而是我退隐的时候：我独
86 自漫步，那些短暂却珍贵的时光全凭我自己支配，和我在一起的是我善良而不矫情的伙伴，我的狗与我的猫，田野中的飞鸟与树林里的走兽，整个自然及其不可思议的创造者。为了在花园里观赏日出，破晓之前我即起床，当旭日东升昭示着晴朗的一天时，我的第一个愿望便是不要有任何信函或是访客来大煞风景。我匆匆离去——一旦确定这一整天都由我自己作主，在那排山倒海般到来的喜悦中我的心将是怎样的怦怦作响，我的呼吸将是怎样急促啊！我要在森林中选个荒无人烟之处，在那里没有一样东西会让我想到人类的手笔，没有一样东西显示出人类的暴虐，在自然与我自身之间也没有横亘着讨厌的第三个人。在那里不断有崭新的壮观于我眼前展现。那个世界披着黄色的金雀花和紫色的[欧石南]，让我眼迷心醉。参天的大树笼罩着我，小巧的灌木簇拥着我，而鲜花芳草之种类繁多更是惊人——所有这一切让我看了又叹，叹了又看。

“我的想象力抓紧每分每秒，让这片美丽的土地住上了居民——这里有些什么全凭我乐意。抛去了一切习俗与偏见，一切虚荣与人为的激情，我要让那些配得上生活于自然之中的人诞生在自然怀中并受到她的庇护。我要在想象中创造出一个黄金时代，一想到人类真正的喜悦，一想到那些人们现在还遥不可及的令人欣喜的、纯粹的乐趣，我就会感动得落泪。然而我承认，身处此间，我却还是觉得时不时地有阵阵悲伤突然袭上心头。就算我所有的梦想都成为现实，它们也不能令我心满意足。我仍要去追逐我的幻念、梦想与欲望。在自身之中我发现 87
有一块令人费解的空虚之处是任何东西都无法填满的——这颗心奋力追求另一种极乐，对于这种极乐我没有任何头绪，却仍孜孜以求。甚至这种渴求里也有着乐趣，因为我的全副身心之中都充满了一种剧烈的情感，充满了一种让我着迷的悲伤，这是我所不愿被夺走的。”①

① 致马勒泽布的第三封信，1762年1月26日［Hachette ed., X, 304—306］。［与其他引文不同，这一段不是译自法文原文，而是译自卡西勒的德文，为了简洁起见，卡西勒在翻译时作了一些调整。虽然不少地方有所省略和改动，但没有在根本上改变卢梭的本义，只是有两处卡西勒显得比较随意了一点。“为了在花园里观赏日出，……我的呼吸将是怎样的急促啊！”这一段在Hachette版中为：“为了在花园里观赏日出，破晓之前我即起床；当我看到晴朗的一天开始了的时候，我的第一个愿望便是不要有任何信函或是访客来大煞风景。上午的时候，我心里冒出各种各样的主意，每一个都让我满心欢喜，因为我能随心所欲地安排它们，然后，我匆匆忙忙用过午餐，以便躲过不速之客，也为了让下午的时间更长一些。即使是在最为炎热的那些天，我和忠诚的阿沙也在一点钟之前就顶着烈日出发，我脚下生风，就怕在逃脱之前让人逮着；但每当我绕过某个拐角，我就松了一口气，觉得自己获救了，心怦怦直跳，满是欢喜，我心想：‘今天余下的时间终于由我自己作主了！’。”（En me levant avant le soleil pour aller voir, contempler son lever dans mon jardin; quand je voyais commencer une belle journée, mon premier souhait était que ni lettres, ni visites, n’en vinssent troubler le charme. Après avoir donné la matinée à divers soins que je remplissais tous avec plaisir, parce que je pouvais les remettre à un autre temps, je me hâtais de dîner pour échapper aux importuns, et me ménager un plus long après-midi. Avant une heure, même les jours les plus ardents, je partais par le grand soleil avec le fidèle Achate, pressant le pas dans la crainte que quelqu’un ne vînt s’emparer de moi avant（转下页）

我用如此长的篇幅转录信中的这个段落，是因为它以极其罕见的清晰与透彻描绘了卢梭在欧洲精神史上所开创的新纪元。通往“感性”（Empfindsamkeit）时代、“狂飙突进运动”时代以及德国、法国浪漫主义时代的道路就发端于此处。[1]在今日，从整体上来说，《新爱洛漪丝》离我们已十分遥远；它感动并震撼卢梭那个世纪的直接冲击力我们也已
88 感受不到了。[2]它在纯艺术方面的缺陷也清楚地呈现在我们眼前。从一开始，这部作品就被说教的倾向所引导，而这一倾向一次又一次地使对感情纯粹的描写与感情自发的表现退至幕后。在结尾处，这一倾向已经是如此之有力，它使得艺术的成果被完全扼杀；小说的第二部分几乎只带有道德和说教的印记。甚至在第一部分中就确凿无疑地存在着这两种基本主题之间的紧张，小说也正是由此展开的。在对激情最为热烈真诚的描绘中，我们也能听出抽象说教的腔调。诗一般的文字间或突然摇身一变就成了布道文；于丽在致圣·普栾的信中就常常说自己是道德的传教士——la prêcheuse。[3]

但是，所有这一切都无法抑制住那种新感情的伟力，它在这里硬是闯出了一条道路。在这部小说的一个个场景之中，我们直接感受到了

（接上页）que j'eussse pu m'esquiver; mais quand une fois j'avais pu doubler un certain coin, avec quel battement de coeur, avec quel pétillement de joie je commençais à respirer en me sentant sauvé, en me disant: ‘Me voilà maître de moi pour le reste de ce jour!’）“然而我承认，身处此情此景，我却还是觉得时不时地有阵阵悲伤突然袭上心头。”这一段在Hachette版中为：“我承认，尽管身处此间，我那虚无缥缈的幻念还是会时不时地突然使它悲伤。”（Cependant au milieu de tout cela, je l'avoue, le néant de mes chimères venait quelquefois la contrister tout à coup.）这里“它”（la）指的是“我的灵魂”（mon âme）。］

① 关于这一点在文学上的影响和发展，参见埃里希·施米特《里查森，卢梭和歌德》（*Erich Schmidt, Richardson, Rousseau and Goethe, Jena*, 1875）。

② 卢梭在《忏悔录》第十一卷中举了这本书对其同时代人们之影响的几个典型例子。特别参见丹［尼尔］·莫尔内（Daniel Mornet）给《新爱洛漪丝》校勘版所作的一个全面的导言（“法国大作家”，Les Grands Ecrivains Français）［Paris: Jacjette. 1925］。

③ 《新爱洛漪丝》，第一部分，第四十三封信，及其他地方。

一个新时代的气息——例如在离别的那一幕中，圣·普栾迫不得已离情人而去，心头升起一种再也无缘相见的不祥之感，他下楼时泪流满面地回身扑倒在楼梯上，不住地亲吻那冰冷的石阶。*文学作品中一个崭新的人物形象诞生了：歌德笔下的维特跃然眼前。

然而在18世纪的文学中，卢梭并不是标志着转向"感性"的第一人。在《新爱洛漪丝》问世之前二十年，里查森就于1740年发表了自己的首部作品《帕美勒》(*Pamela*)，而且他的诸多小说在法国所引发的狂热丝毫不亚于英国。狄德罗本人也成为这些小说的支持者和鼓吹者。在讨论里查森的一篇文章中他声称，如果有一天他因穷困潦倒而被迫卖掉藏书的话，那么在他所有的书当中，除了《圣经》，荷马、欧里庇得斯和索福克勒斯等人的之外，他只留下里查森的作品。[①]因此，对于18世纪的法国而言，作为一种纯粹文学现象的"感伤"(Sentimentalität)为 89
人们所熟知已经很久了。然而，如果说18世纪智识运动的领袖们曾一度以为能把卢梭吸纳到他们自己的圈子中来，而后来却又对此再也不抱希望；如果说对于他们而言，卢梭显得古里古怪、难以理解，那么原因也许就在于，事实上，卢梭不仅代表了那感情的伟力，而且他前所未有地体现了这种力量。他不是在描写这力量：这力量乃是他的存在、他的生命。而18世纪的精神正是力图与这种生命保持距离，力图保护自己不为其所动。

达朗贝尔不仅具有智识上的天才，而且也拥有高贵而精微的灵魂，在评判卢梭的《爱弥儿》时，他显然试图公平地对待自己的老对手。他承认，历来只有极少数的作家才有卢梭那伟大的文学天赋与个人激情。可他又补充道："但在我看来，卢梭的激情更多地是一种感官上的，而非精神上的本性。""尽管它给我留下了所有这些印象，但这却只是让我心

* 《新爱洛漪丝》，第一卷，第六十五封信。——译注

① 参见狄德罗论里查森的文章，《全集》(*Œuvres*, éd. Assézat, V, 212ff)。

神不定……我的意思并不是人人都得和我看法一样；它对其他人也可以有不同的影响，但它确实就是这样影响我的。"①这是一个有趣而机智的评判，但从历史上来说，却是不公正的。达朗贝尔在卢梭那里觉察到一股"性情"的狂暴力量，他感到这与自己的本性格格不入——他是冷静而节制、审慎而优越的。他抵制这股力量；他害怕受其影响之后便会
90 失去自己精神世界的有序、明晰以及井井有条的安全，会被抛回到感官的混乱中去。

狄德罗在其他方面有着几乎无限的移情天赋，但他的这项天赋在此处也到了尽头。他对人有着直觉般的理解，他也能够狂热地投身于友谊之中，但是这些却最终都在卢梭那儿受挫了。卢梭拥有一种抑制不住的朝向孤独的冲动，而狄德罗却将之视作怪癖。因为狄德罗需要社交，这是他最重要的活动中介，而且也只有在这股精神之流中他才能够思考。于是，在他看来，想要一个人独处不啻是精神上与道德上的错乱。狄德罗在《私生子》(*Fils naturel*)的跋当中写道，只有恶人才喜欢孤独，而卢梭将这句话直接套用在了自己身上并因此对狄德罗大加斥责——众所周知，二人之间的第一道裂痕就此产生了。②这之后，狄德罗越来越感到卢梭天性中有些怪异，终于有一天他忍无可忍。在他俩最后一次见面的那个晚上，狄德罗写道："[他]让我坐立不安，我觉得好像有一个被罚入地狱的灵魂站在我身旁。[……]我再也不想见到此人了；他会使我信仰魔鬼和地狱。"③

① 达朗贝尔，《全集》(*Œuvres*, Paris: Didier, 1863), p.295。(第二段引文原为法文："Malgré tout l'effet qu'elle produit sur moi elle ne fait que m'agiter ... Je ne prétends pas donner ici mon avis pour règle, d'autres peuvent être affectés différemment, mais c'est ainsi que je le suis." ——译注)

② 关于这一点，参见《忏悔录》第九卷[Hachette ed., VIII, 326—327]。

③ 1757年12月狄德罗[致格里姆(Grimm)]的信，《全集》[éd. Assézat,]XIX, 446[在Assézat版中，这封信的日期是"1757年10月或11月"]。

卢梭给法国启蒙运动的精神领袖们留下的就是这样的印象。他们眼见着一股**恶魔般的**力量在发威；它让一个人着了魔，把他赶得到处乱跑，片刻不停，此人那饱受折磨的躁动使他们在智识上的财产有被夺走的危险，而他们原本以为自己是稳稳当当、万无一失地扎根于这笔财产之中的。卢梭易怒而敏感，性情忧郁且多疑得到了病态的程度，这的确
促使了他与百科全书派之间的裂痕越来越大，而且使得这裂痕一经产 91
生就无法修复。但是，双方的对立却另有更为深层的原因。在此处，一种精神上的宿命不借助于任何个人而运行着，它要完成它自身。随着卢梭的出现，这个时代的精神中心转移了，一切将内在的安全与稳妥托付于这个时代的东西都被否定了。卢梭不是改造这个时代的成果，而是攻击其精神根基。因此，从历史的角度来说，反对卢梭可以说是正当的，也是必然的：卢梭臆造出来的针对他的阴谋实际上是一种反应，其起源与正当性就来自那个时代最深处在精神上自保的本能。

另一方面，如果将卢梭仅仅视为标举“感情”这一新福音而反对18世纪理性主义文化的先知，那我们就实在是没有充分理解普遍存在的那种对立之深刻。在这种模糊的意义上来理解“感情”，感情就不过是一个口号而已，认为它标志着卢梭对这个问题的哲学构想的独特性和真正的原创性，是绝对不合适的。只有当卢梭不满足于向那种激励他并逼迫他前行的新力量俯首称臣，而去探究其原因与正当性时，这种构想才开始成形。而卢梭绝没有不加限制地肯定这种正当性。他很早就极为深刻地意识到感情的力量，这就使得他不能毫无抵抗地屈服于它。因此，正是在他最为狂热地描述这种力量的地方，他又设置了另一种力量来与之对峙，而在捍卫这另一种力量的正当性与必然性的时候，卢梭的狂热劲头也丝毫不减。他把指引生活并创造其内在形态的任务托付于这另一种力量。在《新爱洛漪丝》里，深陷绝望之中的于丽挣扎着作出决定，要从此与情人一刀两断，此时她对上帝祈祷，恳求他让自己不要犹豫不决：“我想要……你所想要的那同一种善，而你就是它唯一的

源泉……我想要与你所确立的自然秩序相吻合，以及与我从你那里所
92 获得的理性准则相吻合的一切。我将我的心置于你的庇护之下，我把我的愿望交付在你手中，让我的所有行为都与我坚定不移的意志，也就是你的意志相一致吧；再也不要允许一时的舛误打败我一生的这个抉择。”①

在此处，“自然”的秩序被等同于天意的秩序与理性的秩序，它被视为一个永远不可动摇的标准，它不必为了那流变不居的感情冲动而作出牺牲。这种意志的坚定及其内在的稳妥与完满被用来抵挡激情的力量。而双方的这种对立不仅仅是构成《新爱洛漪丝》的元素之一；毋宁说，作品的整体构思基本上靠的就是这个想法。在《新爱洛漪丝》中，卢梭允许自己感官的情欲与激情比在他别的任何作品中都更为自由地涌动，但即使是《新爱洛漪丝》也绝没有打算颂扬肉欲。书中为我们所描绘的爱情有着不一样的特性与来源。真正的爱情是一种掌握并充盈着整个人的爱，它所力求的是完善，而不只是快感。“除去了完善这一观念，你也就除掉了热情；去掉了尊敬，爱情从此就什么都不是。”②在《新爱洛漪丝》中，卢梭没有用完善这一伦理理念来反对爱情理念；
93 对他而言，二者在本质上紧紧地交织缠绕在一起。如果我们觉得《新爱洛漪丝》的第一部分和第二部分之间在风格与内容上都有巨大的差异——这着实是一种断裂——那我们一定要看到，卢梭本人并没有察

---

① 《新爱洛漪丝》，第三部分，第十八封信［Hachette ed., IV, 247］。（此处原文为法文：“Je veux [...] le bien que tu veux, et dont toi seul es la source ... Je veux tout ce qui se rapporte à l’ordre de la nature que tu as établi, et aux règles de la raison que je tiens de toi. Je remets mon cœur sous ta gar0de et mes désirs en ta main. Rends toutes mes actions conformes à ma volonté constante, qui est la tienne; et ne permets plus que l’erreur d’un moment l’emporte sur le choix de toute ma vie.”——译注）

② 《新爱洛漪丝》，第一部分，第二十四封信［Hachette ed., IV, 56］。（此处原文为法文：“Ôtez l’idée de la perfection, vous ôtez l’enthousiasme; ôtez l’estime, et l’amour n’est plus rien.”——译注）

觉到有这样的一个断裂。因为即使身为一名艺术家，他也从未放弃他的伦理理念与要求；他总是一再重申德性的崇高性质，并维护它以抵挡感情的所有攻击。只有以这种方式，卢梭的“感伤”才获得其独特的品质，也只有在这种语境中，我们才能充分理解其历史影响的力量之大、范围之广。

由于其双重性质，这种“感伤”能够使迥然不同的头脑都受其影响并为之着迷，甚至能让那些完全不为任何单纯“感性”所动的思想家也神魂颠倒。在这里我们除了康德之外，还可再以莱辛为例。在德国，是莱辛第一个认识到卢梭的重要意义。卢梭对第戎学院有奖征文的答复一经面世，莱辛就立即写了一篇全面的评论。他写道：“一个人为德性讲话而与所有流行的成见作对，即使在他走得太远的时候，人们对他也还是那么敬佩。”①

在莱辛对卢梭的第二篇哲学论文《论不平等的起源与基础》的评论中，这种钦佩与激赏更为彰明较著。“卢梭在任何时候都一直是一位勇敢的哲学家，他抛弃了一切成见，不管它们是多么广为人们所接受。他直奔那唯一的真理，而路上每走一步都必须弃绝的那些虚假的真理他则不予理会。在他所有的沉思冥想中都有其心灵参与其间；因而，他说话的口吻完全不同于一个腐败的诡辩家，后者教授智慧，只是出于
自私与炫耀。”② 卢梭著作的直接影响（特别是在德国）并非由于卢梭在 94
宣扬一种新的自然一情感，而主要靠的是他所倡导的伦理理念与要求。他先唤醒的是良心，然后才是一种新的自然一情感。我们应该将他所开创的革新首先理解为一种内部的转型，一种观点的变革。

可以肯定的是，如果想要理解卢梭伦理学的核心，我们就一定要严守考量其体系与考量其心理之间的界线。这个界线一旦被抹煞，那么

① 莱辛，《全集》（*Werke*, Lachmann-Muncker, IV, 394, 1751年4月）。

② 莱辛，《全集》，VII，38（1755年7月）。

呈现在我们眼前的将是一幅没有焦点而模糊不清的图景。卢梭无法使自己的生活与学说达成真正的和谐，他敏锐地意识到自己在这方面无能为力，为此他也感到万分痛苦。他在社会之中看到了一切邪恶的根源，腐败便源于社会，他认为，如果从这腐败中抽身而出，毅然决然地拒绝习俗的一切要求，将所有不过是约定俗成的道德丢在一边，那他就能够实现自己的基本要求。

但是真正的内在自由无法通过这种方式来获得。他使自己越来越迷失在徒劳无功和纯然表面的反抗之中。他疏离了这个世界，换来的不过只是一种古怪的生活，这生活把他彻底逼进自身之中，并让他任由自己病态的幻想摆布而全无得救的可能。于是，在他自己的生活中，反叛社会带来的不是自由，而是自我毁灭。

但是，要让卢梭的伦理学来为其性格缺陷和个人生活中的所作所为负责却是大错特错了。譬如，卡尔·罗森克兰茨就在其所著的狄德罗传记中声称，卢梭的伦理学只不过是一种“善良心灵的模糊道义。这样的道义确实十分流行，但它甚至比逐利理所当然（intérêt bien
95 entendu）的道义还要糟糕，因为它更加随意与模糊。它是自然人的道义，这自然人没有通过服从道德律而将自己提升至自决的客观真理的程度。这种道义为善，也偶尔作恶，二者皆出于其主观的一时兴起；但它往往将恶说成是善，因为据称恶乃是发轫于那善良心灵的感情之中的……对卢梭而言，服从任何一种绝对的命令去尽自己的职责是不可容忍的……只有职责让他感到愉快，他才去履行——但他不能忍受为了尽责而尽责”。在罗森克兰茨那里，甚至连卢梭的政治学都没能免于这一裁断：他确实宣称，卢梭的基本倾向就是主张“每个个体都有主权”。[①]

① 卡［尔］·罗森克兰茨，《狄德罗的生平与著述》（Leipzig, 1866），II, 75。［实际上是在第76页提到了“每个个体都有主权”。］

对于卢梭的伦理与政治思想，我们很难再想得出还有比这更为严重的误解与歪曲了。这幅画的每一笔都是错的。卢梭绝非想要在其社会与政治理念中给个体的放任开辟一块地盘，实际上他将这种放任视为是与一切人类共同体的精神正相违背的罪孽。在作为公意的那种意志面前，个体的放任停了下来；面对整体的权利，它放弃了自己的所有要求。在这一点上，特殊利益必须闭嘴。此外，所有纯属主体的意向，所有对于个体感情的坚守都终止了。

卢梭的伦理学不是一种感情伦理学，而是在康德之前所确立起来的最为绝对的一种纯粹的责任伦理学（Gesetzes-Ethik）。《社会契约论》的初稿当中称[①]，法律在人类所有的制度里是最崇高的。它真是上天 96
赐予的礼物，通过它，人类学会了在其尘世生活中仿制上帝那不可侵犯的诫命。然而，在人类当中产生的这一启示不是超验的，而是纯然内在的。这种形式的自愿服从不必受任何的限定或限制。在单由权力统治的地方，在由一个人或个人所组成的一群人掌管着共同体并对其发号施令的地方，给统治者设置一些限制并使统治者受制于他既不可超越又不可改变的成文宪法，是十分要紧而且合乎理性的。因为一切权威都易于被滥用，这是其本性使然，如果可能的话，必须钳制和防止权威的不当使用。无疑，所有防范措施从根本上来说都是不起作用的，因为只要是没有这样的守法**意志**，那么摆在主权者面前约束他的不可侵犯的“根本法”就算设计得再仔细，也无法防止他用自己的方式对其做出解释并随心所欲地付诸施行。如果不改变权力的性质（这是其起源与合法性所在），而是简单地限制权力的大小，这样做是徒劳无功的。对于篡夺的权威，一切限制都是无用的；而不以所有人自由地服从于普遍有约束力的法律为基础的一切权威，都是篡夺来的。这样的限制也许对肆意妄为有一定的约束，但是它不能消除肆意妄为的原则本身。

① 关于这一稿，参见［阿尔伯特·］欣兹，《让—雅克·卢梭的思想》，pp.354ff。

另一方面，在一个由真正合法的宪法统治的地方——即法律，而且只有法律被认作是主权者的地方——限制主权便是自相矛盾的了。因为在这里，权力大小的问题，权力范围的问题都不再有意义；只有权力的实质才是重要的，这实质一分不能“多”，也一分不能“少”。这样的法律所拥有的不是有限权力，而是绝对权力；它的命令与要求是无条件的。潜藏于《社会契约论》的设计背后，并塑造其所有细节的，正是这种精神。

97 罗森克兰茨还谴责卢梭反对将家庭作为国家的基础，而视政治共同体仅仅是“原子式个人”的总合。如果不加限定的话，这种指责也是不对的。[①]卢梭确实反对从家庭推导出国家——这纯粹是一种父权制的国家理论。运用这种理论一直存在着绝对主义的危险，对此他心如明镜。罗伯特·菲尔默在其《父权论》(*Patriarcha*)一书中已经用一切人类统治在根源上都是基于父亲权威的理论，来证明国王之权利是神授的而不受约束——在这一点上波舒哀与之意见一致。卢梭反对如此夸大父亲的权威，他声称这违背了纯然作为一个理性原则的自由原则：因为理性在人类当中一旦觉醒，它就不必受任何种类的监护。它达到了法定年龄，它是自决的，这正是理性的实质所在，也正是这构成了它不可让渡的根本权利。[②]

虽然卢梭反对从家庭这一事实中推导出国家意志的权威，但他绝非不尊重家庭，或是认为家庭在社会中无足轻重。相反，他旗帜鲜明地与分裂和破坏家庭作斗争。卢梭反抗他那个时代的风俗，他成了家庭以及他认为在家庭中所体现出来的那种原初伦理力量的雄辩倡导者。《新爱洛漪丝》的整个第二部分便是在为家庭保存和保护着人类一切德

① [参见]罗森克兰茨，前引书，II，76。

② 关于卢梭对“父权制”国家理论的反对，特别参见《论不平等》第二部分(*Œuvres*, Zweibrücken [Deux-Ponts], 1782, pp.129ff.) [Hachette ed., I, 118ff]，和“百科全书”中“政治经济学”一条[Hachette ed., III, 278—305]。

性而辩护。然而，对于这种家庭的理想化确实是要有所限定的，可是如果我们的脑海里只有对于卢梭学说的传统看法，那我们就不会去寻找，也不会想到有这种限定。因为虽说卢梭将家庭推崇和颂扬为人类共同 98
体的自然形式，但他绝没有将之视为人类共同体的恰当**伦理**形式。正好相反，在这一点上，所有的考量标准看起来都遽然转变了；判断与评价的原则在这里似乎完全相反了。与单纯的感情相对，卢梭肯定理性至高无上；与自然的全能相对，卢梭诉诸自由观念。他并不想将这种人类共同体的最高形式丢给自然力量和本能来进行赤裸裸的控制；相反，自然力量生发出这一形式，而它将按照伦理意志的要求而存在。我们现在到了一个决定性的转折点。从这里我们第一次能够对卢梭思想完整的发展历程作一考察，追溯其学说直至它最初的动机，或是跟着它前行奔向其最终的目标。

如果我们用传统的标准来衡量卢梭的学说及其在18世纪哲学中的地位；如果我们的出发点是假设卢梭的根本成就在于他用对感情的顶礼膜拜来反对一种有限而片面的理性主义文化，那么在他伦理学的基础与发展方面，我们就面临着一种古怪的异常情形。人们归于卢梭名下的论点若是能在哪里寻求到恰当的支持并经受住考验的话，那就本应是在此处。还有什么精神存在的领域比道德领域能让感情力量在其中更加有力地展示与证明自身呢？比之在人与人之间建立直接关系这件事，还有什么时候感情会更有权利来进行控制与指导呢？然而，如果我们怀有这样的预期来研究卢梭的伦理学与政治学说，那我们很快就会大失所望。

因为在此刻，那非比寻常的事实变得明晰起来：卢梭反对那个世
纪的主导意见，感情被他从伦理学的基础中清除出去。18世纪的所有 99
伦理思想尽管在细微之处各不相同，却有着一个共同的方向，即都将对于道德起源的追寻理解为一个心理学上的问题，并且都认为只能通过深入了解道德感情的性质来解决这个问题。一切伦理学说似乎都必须

以此为出发点和支点。一而再，再而三地以此为出发点，人们就不能任意地设计出或是仅仅从概念上构想出这样的伦理学说，而是必须将之建立在人性这一无法再进行解析的事实之上。人们认为，在"同情"是人类所有且为人类所独有之中发现了这一事实。沙夫茨伯里和哈奇森、休谟和亚当·斯密的哲学伦理学就是以同情说与"道德情操说"为基础的。

百科全书派的思想家们从一开始也是这种路数。狄德罗是作为一名哲学著述家开始其职业生涯的，他翻译并评论了沙夫茨伯里的《探询德性与功德》(*Inquiry concerning Virtue and Merit*)，后来他继续坚定不移地认为，道德乃是从同情中而来。他将同情视为人类原初就有的一种心理力量，要想从自爱中推导出这种力量是徒劳的。爱尔维修在其《论精神》(*De l'esprit*)一书中就试图做这样的推导，他否认伦理有任何独立的起源，并想要证明一切表面上合乎伦理的行为，其根源都是虚荣与自利，而狄德罗毫不含糊地反对他。① 狄德罗确信，只有一种可靠的，或者说其实只有一种可能的方法来解释人类共同体的起源，那就是证明这个共同体并不单单是人为的产物，它根植于人性的一种原初本能之中。社会契约没有创造出这个共同体，它只是赋予了一个业已存在的共同体以形式和外表而已。

100 狄德罗在《百科全书》的"自然权利"(Droit naturel)② 和"社会"(Société)这两个条目中所提出并加以全面论证的，正是这一命题，而遭致卢梭最猛烈的批评反对的，也恰是这一命题。卢梭明确地反对社会

① 参见狄德罗对爱尔维修的批评，《全集》(*Œuvres*, éd. Assézat, IX, 267ff)。

② 在对比了几个文本之后，我以为，《百科全书》中"自然权利"一条毫无疑问是由狄德罗所作，而并非人们常常以为的那样是卢梭写的，而且卢梭在所谓的"日内瓦手稿"[即《社会契约论》初稿]中对这一条进行了尖锐的批评。在这个问题上，我同意[勒内·]于贝尔在其《卢梭与〈百科全书〉》[Paris: 1928]中所做出的判断和举出的证据链。

是从人类原本就拥有的“社会的本能”中来的。在这一点上，为了反对由格老秀斯建立、普芬道夫进一步发展起来的那种自然法观念，他毫不犹豫地返于霍布斯。在卢梭看来，霍布斯非常正确地认识到，在纯粹的自然状态中，没有什么同情的纽带将单个的个体互相联结在一起。在那种状态中，人人自行其是，每个人所要求的都不过只是为保存自己性命而必不可少的东西。对卢梭而言，霍布斯心理学的唯一缺陷在于自然状态中普遍存在的那纯然被动的利己主义，被他换成了一种主动的利己主义。对严格意义上的自然人来说，劫掠与暴力统治的本能与其格格不入；只有在人类进入社会并开始知晓了社会所培育出来的一切“人为的”欲望之后，这些本能才开始出现并变得根深蒂固。因此，自然人心态中的显著要素便不是以暴力压迫他人，而是对他人漠不关心。

诚然，对于卢梭来说，即便是自然人也有同情的能力；但这同情并非源于人类意志某些原本就有的“伦理”特性，而是源于人类那想象的天赋。人类天生就能进入他人的存在与情绪之中，在一定程度上，这
种同情的能力让人感受到他人的痛苦就好像是自己的一般。①但是这 101
种只是基于感官印象的能力，离主动去关心他人和实际维护他人还很遥远。

倘若我们将这种关心当作社会的起源，那我们就在逻辑上犯了把需要证明的命题当作前提的奇怪错误，本末倒置了。一种超越了单纯利己主义的同情也许是社会的目标，但它无法成为社会的起点。如果我们所诉诸的不单单是个体的感情，而是其理性（这理性教导他，不同时使他人更为幸福的话，自己也就不能幸福），那么我们同样也无法摆脱上述困境——实际上我们使其越发困难。狄德罗在《百科全书》的“社会”一条中写道：“社会的整体安排靠的是这一普世而简单的原则，

① 关于卢梭的“自然人的心理学”及其对霍布斯的批评，特别参见《论不平等》，第一部分[Hachette ed., I, 86]。

即我想要幸福，但我和同样也想要幸福的人们生活在一起；所以让我们以保障他人的幸福，或至少以不有损于他人的方式，来找到保障我们自己幸福的办法。”[①]

但是卢梭以为，这样来寻找社会的起源另外还犯了一个离奇的代换错误，即把自然人造就成了一名“哲学家”；让他对幸福与不幸、善与恶进行反思与论争。在自然状态中，私利与公利是没有和谐可言的。个体利益与社会利益是互不相容，而绝不是同一的。因此在社会肇始之初，社会的法律就只不过是人人都想要加之于他人，而自己却不想受其钳制的一副枷锁。[②]

于是，与狄德罗在将自然状态颂扬为天真与平和、幸福与互有善意
102 的状态时那不加批评的热情相反，卢梭所描绘出的图景显得十分暗淡。狄德罗让自然向她的儿女们这样说道：

“她说，‘啊，服从我植入你当中的本能，在你生命中的每一刻都要去力争幸福，不要违抗我至高无上的法则！致力于幸福，毫无畏惧地享受，要幸福！［……］迷信的人们，你在我亲手给你设定的尘世疆界之外寻求安乐，那只是徒劳［……］宗教，我那傲慢的敌人，它藐视我的权利，你要敢于将自己从它的束缚中解放出来。你要拒斥那些用暴力篡夺我权力的诸神，要再次臣服于我的法则。［……］

“回到我这里来，［……］回到自然；我将给你慰藉，我将使你摆脱压在你心头的全部恐惧，摆脱折磨你的一切不安，［……］摆脱把你与应该热爱的人类分隔开来的所有仇恨。恢复自然，恢复人道，恢复你自己，在生命之路上撒满鲜花吧。’”[③]

---

① ［《全集》(*Œuvres*, éd. Assézat, XVII, 133.)］

② 参见《百科全书》中卢梭所写的“政治经济学”一条。

③ ［狄德罗，《全集》(*Œuvres*, éd. Assézat, IV, 110)；取自霍尔巴赫《自然的体系》的最后一章。《狄德罗全集》的编者认为，这一章几乎可以认定就是狄德罗所作，但这并非确凿无疑。］

与这种过分的抒情形成鲜明对比的是，卢梭对原始人和原始社会的描绘看上去是完全冷酷而不动声色的。尽管他的描绘还带有许多虚构的痕迹，但与狄德罗或贝尔纳丹·德·圣-皮埃尔*田园诗一般的想象相比，就显得近乎现实了。因为卢梭已不再屈从于心理学的幻象，而整个18世纪却是如此热爱那些幻象并喜欢一次又一次地将之唤起。卢梭没有赋予"原始人"对权力和财物那出于本能的贪婪，或是暴力压迫他人的倾向，在这一点上他捍卫"原始人"而反对霍布斯，但他拒绝赋予"原始人"自发的善意和自然的慷慨。他否认人类存有任何促使其进入共同体并一直待在共同体里面的原始本能——这样一来，他就抨击了格老秀斯、沙夫茨伯里和大多数百科全书派成员[①]赖以建立其社会与道德起源学说的根基。 103

但是，即便是就卢梭自己的学说而言，我们现在也好像因此面临着一个新的困境。因为当卢梭拒斥了18世纪的心理学乐观主义时，他似乎也就撤去了自己的立足之地。这种乐观主义难道不正是卢梭人性本善说最有力的，实际上也是唯一的支柱么？位于他整个哲学的中心的，不正是这种乐观主义学说么——这不正是他的形而上学、他的宗教哲学和教育学说的唯一焦点么？否定心理学乐观主义难道不是把他逼回到他强烈反对并与之激战的原罪教义中了么？

然而恰恰是在这一点上，一条崭新的道路在卢梭面前敞开了。他在沙夫茨伯里和自然法未曾前去找寻的那个地方寻求保护以反对神学的悲观主义，这正是他的独特之处。他现在一如既往地肯定与支持人类的善良，但在他看来，这善良不是感情的原初特性，而是人类意志的

---

* 贝尔纳丹·德·圣—皮埃尔（Bernardin de Saint-Pierre, 1737—1814）：法国作家，浪漫主义先驱。其最为著名的作品是小说《保尔和薇吉尼》（*Paul et Virginie*，林纾译为《离恨天》）。——译注

① 关于百科全书派发展出来的各种各样的社会学说，首先可参看［勒内·］于贝尔在《〈百科全书〉中的社会科学》中的详细讨论。

根本方向与根本命运。这善良并非基于某种同情的本能倾向，而是基于人类的自决能力。因此，真正证明这种善良的，便不是自然的善良意志的冲动，而是承认个体自愿服从的伦理法则。人类之“天性善良”已经到了如此的程度，即这种天性不是沉溺于感官本能，而是不用外在帮
104 助就自发地将其自身提高到那自由的观念上。因为将人类与所有其他自然生物区别开来的特殊天赋是可完善性。人类并不在其初始状态中逗留，而是力求超越它；人类不满足于在刚开始时自然赋予其生存的那片疆域和那种样式，在他给自己设计出属自己所有的一种新的生存形式之前，他也不会止步不前。

可是如此这般地拒绝自然的引领，人类也就失去其保护及自然在开始时给予人类的一切好处。人类眼见着自己被放逐，走上了一条永无尽头的道路，被抛给了沿路的所有危险。特别是在其最早的几篇论文中，卢梭不厌其烦地描写了这些危险。可完善性是人类所有洞见的源泉，也是人类所有舛误的来源，它是人类之德性，也是人类之罪恶的根源。它看似使人类凌驾于自然之上，但它同时也让人类成了自然和他自己的暴君。①而我们无法去除它，因为人性的进程无法被阻止：“人性往而不返。”②

我们抗拒不了“进步”，但另一方面，我们不能就此屈从于它。我们必须引导它，并且完全独立地指定其目标。及至目前为止，在人类的演进过程中，可完善性已使人类身陷社会的所有邪恶之中，它把人类引向了不平等与受奴役。但是它能够，而且也只有它能够成为引领人类走出其所误入的迷宫的向导。它能够，而且它必须为人类再次获取自由扫清道路。因为自由并非仁慈的自然放在人类摇篮中的礼物。人类

① 《论不平等》第一部分[Hachette ed., I, 90. 参见前引书，p.78]。

② 参见前引书，p.54（原文为法文：“La nature humaine ne rétrograde pas.”——译注）。

为自己去争取自由，这样才有自由，拥有自由与这种不断重新去争取自由是分不开的。[①]因此，卢梭不要求人类共同体来促进人类的幸福、福 105
祉与欢乐，他也不指望未来某个共同体的建立与巩固会有这些好处，但共同体应该保障人类的自由，并因此使人类回复于他真正的命运。卢梭鲜明而坚定地用纯粹的法律精神（ethos）来反对百科全书派那功利主义的政治和社会学说。而且他在这种精神之中最终找到了人性本善至高无上的，实际上也是唯一的证据。只有在卢梭根本立场的整个语境中考虑这一点并对之作出正确的评价，我们才能正确地看到他所支持的那个新原则。

现在即使在卢梭对“感情”的诉求中看来也隐藏着两种迥然不同的趋势。卢梭从感情那原初的力量中获得了一种对于自然的新理解；有了这种理解，他就使自己进入到生气勃勃的自然的中心。17和18世纪的数学—逻辑精神已将自然变成了单纯的机械装置：卢梭又一次发现了自然的灵魂。他用他那越来越迅疾的“自然—情感”之流来反对形式主义与像霍尔巴赫《自然的体系》中那样对于“自然—体系”的抽象图解。通过这种方法，卢梭找到了回到自然之真实，回到自然形式与自然生命之丰富的道路。除非径直沉浸于其中，否则人类就无法理解这形式的丰富。于是被动性，即安然置身于自然不断赋予我们的无限多样的印象之中，就成为真正满足与真正理解的源泉。

人在自我处于孤独和漠然状态时，与自然的交流是他唯一的追求，但是当这种情形不复存在，当他发觉自己被带到了人类世界，即社会世

① ［参见歌德《浮士德》，第二部分，第五幕。浮士德：
要每天争取自由和生存的人，
才有享受两者的权利。］（原文为德文：
“Nur der verdient sich Freiheit wie das Leben,
Der täglich sie erobern muss.”
译文引自《浮士德》下，钱春绮译，上海译文出版社，1982，第705页。——译注）

界的混乱之中时，他就面临着一个新的，而且是更为困难的问题。卢梭本人已经发现，所有个体感情的丰沛与炽烈对那个世界都无能为力，都有被它粉碎瓦解的危险。因此卢梭，这个感情用事的狂热者就变成了
106 一名激进的政治思想家。

他本人在自传中无比清晰地描述了这个转折点。他在《忏悔录》中写道，他第一次涉足政治理论，以及他感受到打算写作《政治制度》（*Institutions politiques*）时的最初冲动，都是因为他认识到，人类的一切在根本上都与政治相关联，因此所有人都只能是被法律及政治制度二者的性质所造就成的那个样子。[①]然而，对于**这种**性质，我们不能完全消极被动。我们发现它并不是给定的：我们必须制造出它，我们必须积极主动地塑造它。而且这种塑造不能托付于单纯的感情；它必须源自伦理洞见与先见。卢梭十分清楚地表明，这种洞见也并非发自单纯的“知性”；它不包含于纯粹的反思这一形式当中。伦理行为的原则与真正的政治原则也不能由纯粹的逻辑来设计、计算和论证。它们自有其那种“自明”（Unmittelbarkeit）；但是这种自明不再是感情的自明，而是理性的自明。道德的真正原则不是奠基于神的或人的权威，也不是奠基于三段论的有力证明。它们是只能由一种本能的方式来理解的真理；但这一本能人人皆有，因为它构成了人自身的根本力量与本质。要达到这一“与生俱来的”知性，我们不必进行艰苦的抽象分析、教育或是学习。我们只需清除横亘在我们与它之间的那些障碍，就能完全清楚地、直截了当而确凿可信地理解它。

107 与感情之自明并肩而立的，还有伦理洞见之自明；但这二者并非同出一源。因为一个是灵魂的被动力量，另一个是灵魂的主动力量。拿感情之自明来说，起作用的是我们的挚爱（devotion）这一官能；只有

① 参见《忏悔录》，第九卷（近开头处），参见前引书p.65。[《政治制度》是卢梭曾经打算要写的一部巨著，《社会契约论》是其中的一个部分。]

它才能为我们开启自然，它使得我们消除掉自身的存在，于是我们便可以独自生活于自然之中并与自然生活在一起。而拿伦理之自明来说，我们关心的是提升与加强我们自身这一存在；因为只有这样我们才可以在其真正的重要性上考察人类的任务。个人单枪匹马是完成不了这个任务的；只有在共同体之内并通过共同体的力量才行。对于卢梭而言，共同体这些力量超越了纯粹“自然”的同情。他拒斥百科全书派那功利主义的社会学说，他也拒斥其自然主义。他没有将人类共同体建造于单纯本能的生活之上；无论是享乐本能，还是自然的同情本能，他都不视之为充分而恰当的根基。对他而言，真正的，而且是唯一可靠的基础是在于自由意识，在于和这种意识密不可分的法律观念。然而它们都并非源于感情之消极被动，并非源于易感性，而是源于意志的自发性。卢梭诉诸这种自发性是为了证明——与《自然的体系》的决定论与宿命论相反——自我并非是派生的，而是本原的，“成其为自身”的意识是不可剥夺的，也是不能推导出来的。“没有任何一样物质的存在其本身是能动的，而我是能动的，和我争论这一点没有意义，我感觉到它，而且这种感觉对于我而言比与之相对的理性更加有力。我有一副身躯，别人作用于它，它也作用于别人；这种相互作用无可置疑；但我的意志是独立于我的感官之外的。[……]当我禁不住诱惑，我便是在按照外在物体给予我的刺激而行事。当我因这一弱点而责备自己，我就 108
只听从于自己的意志。我作恶，于是我受奴役，我悔恨，于是我自由；只有在我腐化堕落，在我最终遏制住了灵魂，使它的声音无法盖过身躯的法则时，我心中自由的感觉才被彻底消灭。”①

因此，对于卢梭而言，甚至连伦理的良心也是一种“本能”——因为它并非基于反思，而是源自一种自发的冲动。但卢梭在它与保全自

① “萨瓦牧师的信仰自白”，《爱弥儿》，第四卷[Hachette ed., II, 251]。（译文参考《爱弥儿》，下卷，李平沤译，商务印书馆，2004，第400页。——译注）

身之纯粹身体的冲动之间划出一条分明的界线。良心并非只是自然的本能，它是“神圣的”本能：“良心啊！良心！你这神圣的本能，来自天国不朽的声音，你给一种无知而有限，却智慧而自由的存在以可靠的指引；判别善恶，从不出错，你让人好似上帝。人性之优秀与行为之道德端赖于你：没有你，我不觉得自己高于野兽，只有一项可悲的特权除外，那就是在没有准则之智慧与没有原则之理性的帮助下，一个接着一个地犯错。”①

只有经由“萨瓦牧师的信仰自白”中这些闻名遐迩的语句，我们才能抵达卢梭感情学说的真正核心。直到此时，他独特的原创性才完全显现，我们才瞧见了将其与18世纪形形色色的“善感性”趋势截然分别开来的那个崭新的维度。卢梭的“善感性”植根于他的自然—知性与自然—情感，但从这些根基出发，它提升到了一个新世界：它指出了进
109 入“智性”（intelligible）的道路，而且只在那个领域中才真正地实现了自身。因此，感情在卢梭所赋予它的意义上同是“两个世界的公民”。

卢梭在运用语言时的独特之处使得理解这一情况变得十分困难，也一再搅乱了对于卢梭的历史判断。在卢梭的语言当中，感情所进入的两种根本不同的维度只用一种措辞来表达。感觉（sentiment）一词时而带有纯粹自然主义的痕迹，时而又有着唯心主义的痕迹；卢梭有时只在情绪（Empfindung）的意义上使用它，有时又在判断与伦理决定的意义上使用它。对于这种双重含义必须留心注意，而讨论卢梭的著述者

① ［《爱弥儿》，Hachette ed., II, 262。］（原文为法文：“Conscience! Conscience! instinct divin, immortelle et céleste voix, guide assuré d’un être ignorant et borné, intelligent et libre; juge infaillible du bien et du mal, qui rend l’homme semblable à Dieu. C’est toi qui fais l’excellcence de sa nature et la moralité de ses actions: sans toi je ne sens rien en moi qui m’élève au-dessus des bêtes, que le triste privilège de m’égarer d’erreurs en erreurs à l’aide d’un entendement sans règle et d’une raison sans principe.” 译文参考中译本，第417页。——译注）

们似乎从未看到这一事实；因为如果忽视了这一双重含义，那么卢梭学说的曲折线索就会有一再纠结缠绕起来的危险。对卢梭来说，感觉有时仅是心理上的感受（affect），有时它又是灵魂特有的和本质的活动。“我存在着，我有感官，通过这些感官我有所感受。这就是使我深有感触的第一条真理，我不得不承认它。对于我之存在，我有一种特别的感觉么（un sentiment propre de mon existence），抑或我只是通过我的感官知觉到我之存在（ou ne la sens-je que par mes sensations）？这是我的第一个疑惑，现在我还无法解决。既然我持续不断地——直接或通过记忆——因感官知觉而有所感受，那么我又如何能知道，对于**我自身**的感觉是否超越了那样一些感官知觉，它是否能够独立于那样一些感官知觉之外呢？”①

有两种办法解决这个疑惑。一种是深思熟虑的判断，它将我们领入单靠感觉无法理解的一个意识领域。在感觉之中，诸多内容将自身 110
作为孤立的单元一个一个地提供给我们；在判断之中，这种孤立不复存在。不同的观念被相互比较，不同客体之间的关联也确立了起来。只有这种分析与综合的能力才赋予了判断系词（即“是”）以独特的意义。只通过感觉是无法理解这个“是”的客观意义的；内在于其中的逻辑力量也无法由感觉来解释。要理解这种含义和这一力量，我们必须回到精神的主动，而不是纯然被动的状态。“在只有感觉的生物那里，我找不到比较以及而后进行判断的那种智力；在其天性中我看不到那种智力。这种被动的生物会分别地感知每一个客体［……］但却不具备将一个客体与另一个客体结合起来的能力，它永远不能对它们加以比较，也就不能对它们进行判断。［……］诸如**较大**、**较小**这类比较的观念，就像诸如一、二等等这类数目的观念一样，当然不是感官知觉，虽说

① ［《爱弥儿》Hachette ed., II, 240）。法文部分为卡西勒文中所原有。］（译文参考中译本第383页。——译注）

只有当我的感官有所知觉时，我才产生这些观念。”①

甚至要理解犯错这种现象，也只能以此为基础。因为就其本身而论，犯错永远不会是因为感觉受到欺骗，而是出于判断中的舛误。在纯然被动地接受一种印象时，不会有欺骗发生。只有当精神作用于这种印象，只有当精神决定与这种印象相应的客体是真实或不真实，是如此这般或不是如此这般的时候，才会有欺骗产生。于是一个新世界再次敞开。因为一再要求我们的自身在其中做出这种决定的那个专门领域，不是理论上的，而是实践中的行为。所以，自我的本质，以及自我意
111 识的完整与深刻不是在思想，而是在那一意志中显现出来。卢梭再次基于其特性与起源，无比清晰地将对于自我意识的这种感觉与纯然的“感知”区别开来。但另一方面，也必须同样清楚地将之与纯然的逻辑运算、思想和判断相区别。“意识所做的不是判断，**而是感觉**；尽管我们所有的观念都来自外界，**但衡量这些观念的感觉却在我们自身之中**，只有通过这些感觉，我们才能得知我们与我们所应该追寻或规避的事物之间的关系是相合或不合。”②卢梭的感觉学说到此处才得圆满：现在感觉远远高于被动的“印象”与纯然的感官知觉；它将判断、评估和选择的纯然主动性吸纳到自身之中。只有到此时，它才获得了在心理能力格局中的中心位置。它看上去不再是自我的一项特殊能力，而是其真正的来源——它是自我原初的力量，其他所有的力量都来自它，而且其他力量必须不断从它那里汲取营养，否则它们便会枯竭衰亡。

感官之所以能够如此，是因为在它里面蕴含有一股动力，对卢梭

① [Hachette ed., II, 241.]（译文参考中译本第384页。——译注）

② [《爱弥儿》，Hachette ed., II, 261，黑体为卡西勒标出。]（原文为法文：“Les actes de la conscience ne sont pas des jugements, mais des sentiments; quoique toutes nos idées nous viennent du dehors, les sentiments qui les apprécient sont au dedans de nous, et c'est par eux seuls que nous connaissons la convenance ou [la] disconvenance qui existe entre nous et les choses que nous devons rechercher ou fuir.” 译文参考中译本第416页。——译注）

而言，这股动力构成其本质特征。回到感觉的这种动力揭示出自我深藏不露的一个层面，而坚持表面印象的感官主义心理学在其中则注定失败。就这样，卢梭以一种完全别具一格的方式从孔狄亚克回到了莱布尼茨。从历史上来看，这个转折点绝非寻常，因为我们在任何地方都看不到莱布尼茨的基本思想对卢梭有过任何直接的影响。卢梭熔铸于 112
“萨瓦牧师的信仰自白”之中的那种认识论常常让我们想起莱布尼茨《新论》(*Nouveaux Essais*)中的一行行文字——但我们知道，这部著作乃是根据汉诺威图书馆的手稿于1765年出版，而那时《爱弥儿》问世已有三年。

比之拒斥孔狄亚克哲学，更为重要的是这种拒斥的缘由。有很长一段时间，卢梭完全拜伏于孔狄亚克的信条。他不仅是孔狄亚克的私人密友，而且从早年开始，在一切认识论问题和分析心理学问题上他就把孔狄亚克视为自己敬仰的向导与师傅。即使在《爱弥儿》中他也没有克服这种依赖。卢梭让他的学生一步步从“具体”上升到“抽象”，从“感官”上升到“理智”的方法，使得这种依赖在全书之中都显豁无疑。究其实质，我们在此处看到的只不过是把孔狄亚克在其《感觉论》(*Traité des sensations*)中所创造的那个著名形象搬到了教育学之中——那是一尊雕像，当一个个感官将它们的印象铭刻在它上面的时候，它逐渐苏醒过来而拥有了生命。

卢梭一直都对这个形象亦步亦趋，但他也因此被带到了其适用性的极限。也许对于外界现实的所有知识的确靠的只不过是感官印象的积累与组合，但用这种方式却无法解释，也无法构建内在世界。我们可以将感觉之生气吹入无生命的大理石之中，我们也可以让这股生气不断弥漫扩散，直至最终所有事物、所有可见的客体都在其中向我们显露出自身。但是，自发的感情以及植根于这种感情之中的意志意识，乃是我们不能赋予那尊雕像的，这是我们无法从外界灌注到它里面的东西。
一切与外部的、机械的事件的类比都必将在这里受挫；线索——那根孔 113

狄亚克学说把所有心理内容和所有心理事件串起来的联想线索——啪的一声断了开来。因为主动无法由被动来解释，就像自身之一体性、自我的伦理特征之一体性无法仅仅由“感知”之繁多推导出来。只要我们沉浸于那种意志的天性之中，只要我们想要理解它的特性与根本法则，那我们就必须要冒险去踏进与感官知觉向我们揭示出的世界不同的一个世界。

因此，在这一点上，卢梭与一切“实证主义”的决裂就变得不可避免了。他是作为一个道德家，而不是一个认识论学家来渴望与完成这一决裂的。达朗贝尔在其《哲学基本原理》(*Eléments de philosophie*)中始终运用实证主义的方法论原理，甚至在奠定道义与社会哲学的基础时也是如此。他声称:“社会纯然从人类需求中产生，且纯然奠基于人类动机之上。在其最初的构成之中，没有宗教的份儿。[……]哲学家向人指明人在社会中的位置，并将其引领到这位置之上便心满意足了；将人又拉到圣坛脚下的事情是留给传教士来做的。”①

然而对卢梭而言，再也不能用这种方式来处理这个问题了。与所有百科全书派成员一样的是，卢梭也拒绝对伦理学和政治、社会学说的先验证明。人类不能不承担安排自己的世界这一任务；在塑造和引领这个世界时，他既不能够，也不应该仰仗自上而下的援助，依靠超自然的帮忙。这个任务被派给了**他**——他就必须以纯然人类的方式自己去解决。但恰是因为他对自己面临的这个问题的特性有着透彻的了解，
114 所以他便开始确信，他的自我不受感官世界的限制。由于内在性与伦理的自律，人类现在进入到“智性”存在的核心。通过给自己立法，他证明自己并不完全受制于自然的必然性。

---

① 达朗贝尔，《哲学基本原理》第七[章]，《文学、历史和哲学集》(*Essai sur les éléments de philosophie, Mélanges de littérature, d'histoire et de philosophie*, nouv. éd.; Amsterdam, 1763, p.80)。

于是对卢梭而言，自由观念就与宗教观念难解难分地联系在一起了——但不是自由奠基于宗教，而是宗教仰仗于自由。从此之后，宗教的重心只单单在于伦理神学。正是这个特征将卢梭的宗教哲学与所有经验主义和实证主义的构想，也与形形色色的宗教实用主义区别开来。欣兹在其著作中试图给作为一个整体的卢梭学说以一种全新的解释，他的解释使得卢梭的宗教学说非常接近于现代形式的实用宗教性。欣兹称，对卢梭来说，宗教的意义只不过等于其功效；宗教最高的，实际上也是唯一的成就便在于促进与确保人类的幸福。宗教要靠完成这一任务来保持其真实性。在宗教领域中，没有纯然抽象的真理；有的只是与人类具体生存直接相关，并影响、维持和促进人类具体生存的有效真理。所以，不管是向着这一目标，还是直接服务于这一目标的任何观点，都不能没有持久的宗教有效性和确定性。于是，按照欣兹的解释，对卢梭而言，找到“真实的”哲学远不如找到有用的哲学来得重要——通过后者，卢梭理解了一种不仅确保人类来生幸福，而且确保此生尘世生活幸福的学说。[①]这种解释无疑道出了卢梭基本宗教观当中的某种要素，但却绝没有揭示出其真正的核心。因为，这个核心不在于幸福的问题，而是自由的 115
问题。

与整个18世纪一样，卢梭一再地努力调和“幸福”与“德性”，努力协调“幸福”与“配享有幸福”。但恰恰是通过这些努力，对于此问题幸福论的表述已经容不下他内在自我的发展。他给幸福本身指定的是一个纯然“智性的”，而不是纯然感官的目标，这种倾向变得越来越显著。只有引领人类走向这一目标，并使人类在其中变得更为有力的东西，才能真正在本质上被称作幸福。因此，只有通过约束与控制我们的本能，而不是任其肆意涌动，我们才能获得最高的幸福——那自由人格

① 欣兹，《让—雅克·卢梭的思想》，pp.466, 506ff。

的幸福。就像卢梭在“萨瓦牧师的信仰自白”中所倡导的认识论与伦理学一样，其宗教理论也集中于这一点：卢梭哲学的所有线索都汇聚于人格观念而非幸福观念中。

而且，卢梭宗教哲学的发展也完全由这种思想掌控。它源自这条原则，即当人格像“给我一个支点”（dos moi pou sto）那样，被赋予了一个安全可靠的中心，那么所有外围的考虑都必须远离。所有的中介在这里都失败了；因为中介的本质就在于其结构也只具有中间的价值，它永远无法获得终结的、绝对的意义。宗教的确定性永远只能是由个体自我所达到的确定性，即通过自我，也为了自我而得到保证。它永远无法是由外在的知识与证明而得来的确定性。建立在这样不恰当的基础上的一切，向被传递的知识，以及能够被传递的知识寻求帮助的一
116 切，都因为以上事实而丧失其宗教价值。即便我们能使自己相信如此传统是“客观的”真理，但那证明的形式也足以使其丧失所有的宗教实质。丰富的经验证据与历史证据无法让我们接近宗教确定性的真正来源，而是使我们距离它的源头更为遥远。只有当人类在其自身的存在中发现了上帝的存在——当他通过直接了解其自身的性质而理解了上帝的性质与本质——只有到那时，他才掌握了通向这一确定性的关键。

只要是以不同的方式来理解自然与宗教的人，都将这一确定性变成了对于奇迹与书本的轻信——但这种人恰恰由此表明自己拥有一种在他看来比笃信宗教者那真正的自我体验更高的确定性。仅仅由于不相信这种自我体验，人类才急切地去寻求别样的证据与证明。然而，不相信自己的人都只能是因为一种内在的矛盾而去依赖他人。所以，我们用一句话就能说出卢梭的宗教哲学对于文化史的意义：他把潜在信仰（fides implicita）学说从宗教的基础中清除了出去。谁都无法为了别人或是在别人的帮助下而信仰；在宗教上，人人都必须独立自主，都必须敢于用整个自我来当赌注。“人类的第一义务无人能免；无人有权利

依赖他人的判断。”[①]

无疑，卢梭的这些命题让他再次回到新教那条实际的核心原则中；但是鉴于新教在18世纪的历史形式，这一回归是一个真正的发现。因为无论是加尔文宗还是路德宗都不曾在根本上克服潜在信仰说：它 117
们用信仰《圣经》取代了信仰传统，从而只不过是转换了这一学说的中心而已。但对卢梭而言，在个人体验之外没有任何神灵感应；对他来说，自我体验最深沉的，实际上也是唯一形式的，乃是良心的体验。一切真正的、原初的宗教知识都来自于良心，也都存在于良心之中——不能从这一源泉中衍生而出的和不能完全包含、囊括于它之中的，便是多余的，也是很成问题的。

卢梭没有让这一信仰自白单独成书，而是将之放在《爱弥儿》当中绝非偶然。插入这一部分绝不会仅仅是一种“文学的”搭配——它是建立在《爱弥儿》总体构想之上的。要阐明这个总体构想，最好是通过卢梭的宗教学说这面镜子来看他的教育学说，也通过其教育学说这面镜子来反观他的宗教学说。实际上，这二者表现了它们各自沿不同方向予以阐发的同一个根本观念。《爱弥儿》第一部分想要灌输这样一个原理：即便是所谓的外在经验，也仅仅**看似**“从外部”到达人类的。即便是感官世界的周界，也只有亲身步测的人才能真正知晓。教育的艺术不是省去学生这种亲身步测的麻烦，不是预先就把一些以确凿的“科学”为形式的关于物质世界的信息给他。这样的中介只会在他心中产生不确定的、有问题的信息；它所能做的只是充实他的记忆：它既不能给他的知识赋予形式，也不能为其提供基础。

即便就感官知觉的对象而言，每个人也都是为了他自己才追求

① ［萨瓦牧师的信仰自白，《爱弥儿》，第四卷（Hachette ed., II, 278）。］（原文为法文：“Nul n’est excepté du premier devoir de l’homme; nul n’a droit de se fier au judgement d’autrui.” ——译注）［在Hachette版中是免除（exempt），而不是除外（excepté）。］

真正洞见的。在自身当中创造出这种洞见，这乃是学生来做的事，而
118 不应由教育者将之植入他当中。他只有一步步地获取与征服这个世界，他才理解（kennt）它。而只从抽象、消极的“了解”（Wissen）之中是无法获得这种征服的。只有从早年开始就通过这种征服来亲自度量物理世界的人，物理世界才在他面前显现。如果我们力图把它的力量缩减为理论公式，那么对于这些公式，我们只不过是一知半解；如果我们要做到真正的烂熟于心，那就必须在实践中去体验和掌握它们。卢梭想让关于物理的知识是从与对象如此的直接交流中而来。在一切领域，与事物直接打交道——这只能通过主动性而得来——会为获取关于它们的知识打下基础。因此严格说来，物理学也是不能“教”的，它必须由学生自己在其自身体验的过程中逐步创建。他所知道的，只应是他亲身验证过的；他恪守为真理的，只应是他直接领会了的。

此处要求感官的体验所必备的前提条件也在“萨瓦牧师的信仰自白”中被原封不动地运用于“精神的”体验。在这里，无条件的“亲历亲为”这一公理也同样有效——当我们现在进入到自我意识的专有领域，即人格领域的时候，这条“亲自去找”、“亲手找到”的公理就比以往任何时候都更为重要。亲力亲为这一公设转化为自律的公设。一切真正的伦理与宗教信念都必须以它为基础；所有伦理上的指导与宗教上的教诲如果不是从一开始就将其自身限定为旨在指出通往自我认识和自我理解的道路，那它就完全没有任何效果。所以，重新规划教育理念就需要宗教的转型，需要宗教“改革”，并使其成为可能。当莱辛后来在《人类教育》(*Education of Mankind*)中展望了宗教发展的景象时，
119 他所做出的综合是卢梭早已准备好了的，是卢梭哲学的一个必然推论。

虽说《爱弥儿》中的统一构想因此变得清楚起来，但这部作品所带来的困难却绝没有消除。卢梭本人将它视作其思想及文学创作的真正巅峰；他一再指出，只有在这本书当中，为他思想里各种倾向所奋力争

取，并在其中统一起来的那个目标才变得清晰可见。[①]然而乍看上去，要主张这种统一似乎是非常困难，甚至是不可能的。卢梭的所有著作中都充满矛盾，《爱弥儿》兴许是其中最为矛盾的了。在其他任何作品中，他好像都没有这样完全顺从于想象与理智构建的倾向；在其他任何地方，他好像都没有这样完全对事物之"实际现实"无动于衷。从一开始，这部作品就立于社会现实条件之外。它让那名学生从人类社会的各种关系中解脱出来；可以说是将他置于真空之中。这所监狱的围墙越来越紧地困住他。他被小心翼翼地照看着，不与社会及其生活形式有一丝接触；他被海市蜃楼，被一种社会的幻象所包围，而这是那名教育者人为地给他弄出来的。

这煞费苦心虚构出来的社会体系，其目标却正在于那唯一真实的体系，在于将那学生从社会习俗的非自然性中解放出来，并引领他回到自然的简单朴素，这是，而且仍然是一件蹊跷的事情。难道不正是这高度的非自然性把事物的现有秩序隐藏起来不让孩子知晓的吗？再说， 120
这种企图从一开始不就注定了要失败吗？事实上，那名教育者发现，自己处处都不得不默默容忍他一直试图小心翼翼不让学生看到的现实；不仅如此，他甚至必须把那现实招来以便使之为他的目标服务。在精神与伦理发展过程中的紧要关头，他需要而且也运用了这种外在的帮助——例如，我们还记得，爱弥儿与园丁之间的谈话就是为了让爱弥儿开始能够明白财产观念而设计的。就这样，引导这一教育体系的对于真理那狂热的爱最终蜕化为一个复杂得离奇的欺骗体系，一套精心策划的教育把戏。

现在必须提出另外一个问题了：这种教育真正的**终极目的**何在？

① 尤其参见《卢梭审判让—雅克》，第三次对话，在《忏悔录》（第十一卷）中，卢梭也称《爱弥儿》是他"最好和最重要"的著作［在《忏悔录》(Hachette ed., IX, 16)中，卢梭说《爱弥儿》是"我最近的，也是最好的作品"(mon dernier et meilleur ouvrage)］。

爱弥儿接受教育的最终目标是什么？卢梭一直不厌其烦地要我们记住，必须在这孩子的自我中，而不是在他之外去寻求这个目标。但是这里我们所关注的"自我"是什么？这样的个体真要一直被羁留在他的领域里么？应该容忍他所有的古怪与执拗并让二者愈演愈烈么？教育的目标就在于保持并培养自我的全部怪异和飘忽不定的欲求与心境么？就没有普遍的目标，没有客观的标准了么？

的确常常有人指责卢梭取消了所有这样的标准。他不仅因为在教育中铲除了强制，而且由于拒斥和抛弃了义务的观念而受到谴责。已经有人说过："这种教育所缺少的，也许正是一切教育的根基：义务观念。我们是在创造人。而人的真正定义就在于他是能感受到责任的
121 一种存在。[……]这必定是教育的，也是人(humanitas)的根基所在[……]这恰恰是我们在卢梭那里找不到的。"[1]

如果我们接受了这样的解释，那么卢梭的教育学说不但会作为一种体系而遭到谴责，而且从历史及其生平方面来看也会变得让人无法理解。因为激发卢梭写作其所有政治论文的，不正是对于法律那最炽烈的热情么？卢梭难道不是将所有政治理论的真正目标界定为设计出一部其本身就确保法律最近乎完美和无条件统治的宪法么？他在《爱弥儿》中背离了这一原则么？《社会契约论》让这样的个人意志没有容身之处，要求它无条件地服从于公意并与之保持一致，卢梭真让自己与《社会契约论》之间有了如此显而易见的矛盾么？任何将义务观念从《爱弥儿》教育计划中去除的人，都必定会得出这个结论；他必定会解释说，在卢梭的教育学与政治学之间有一种无可救药和几乎难以理解的矛盾。因此还是那位坚持这样看待卢梭教育学说的批评家主张说，在卢梭著作这一整体当中，其政治思想完全是一个异类——《社会契约

① [爱弥儿·]法盖,《18世纪》,p.356。

论》与他所有其余的作品都有着根本的矛盾。[1]

但是我们真的应该认为，卢梭的学说与人格如此截然二分，以至于二者不但总是在对立的极端之间摇摆不定，而且它们甚至都没有意识到这样的矛盾？我们很难采用这样的解释准则。而且我们也不必如此，因为《爱弥儿》与《社会契约论》的倾向之间有可能达成一种客观的和解。只要我们从一开始就理解，卢梭是在双重意义上使用“社会” 122
这个语词和概念的话，这种和解就并不困难。他在社会的经验形式与理想形式之间——即现有条件下它**是**什么与将来它**能够**以及**应该**是什么之间——作出了再鲜明不过的区分。

卢梭的教育计划绝对没有把教育爱弥儿成公民排除在外，对他的全部教育，就是“在那些要成为公民的人当中将其教育成一位公民”。他那时的社会还没有为这一计划做好准备。应该小心地与那个社会保持距离，这样它的经验“现实”就不会妨碍理想的可能性，这些可能性将被创建与扶持起来以反对那个世纪的怀疑主义。使得当时的社会聚合在一起的，无非是习俗、习惯和自然惰性的力量。如果不遭遇一种绝对的义务，一种想要重生的无条件的意志，这个社会就永远不会改变。既然个体总是在社会的领域里活动而成了社会的道德、习惯、喜好与成见的奴隶，那么这样一种意志如何才能出现，如何才能形成并得以巩固？

《爱弥儿》的教育计划正是想要防止这种精神与伦理的堕落。让那名学生置身于社会之外，是为了防止他受到习染，为了让他找到并走他**自己**的道路。但这种个人主义，这种对于判断力与意志独立性的唤醒，绝没有包含将离群索居的意愿作为一项明确要求的意思。正像莱辛笔下的纳坦为阿—哈菲担忧一样，卢梭也担心他的学生会“只因身处

① 《18世纪》，p.383ff。

众人之中而忘记如何做人”。[①]所以他正是为了人（humanitas）的缘故
123 而除去了社会（soietas）的合作，他把人性（humanity）的普遍意义与其集体意义再清楚不过地区分开来。他为了建立一种崭新的、真正普遍的人性而摒弃了人类的集体性。这项任务无需众人合作——因为所有个体都能够依靠自己的力量在自身之中发现人性的原型并在自我中将它塑造出来。

卢梭绝对否认榜样的教育力量。榜样把人磨平，它使得追随者千人一面。但人人都一样的东西绝对不是真正的普遍。恰恰相反，只有人人都遵从自己的洞见，并通过这种洞见认识到，他的意志与公意之间有一种必然的一致的时候，人们才能发现普遍。然而这肯定是一个漫长的历程。不能在童年时期就迈出此处要求的这一步。因为这一步是为**理性**独有的权利，甚至是它的显著标记与特权——儿童所拥有的理性只是一种在实际中还不能有所作为的“才能”。任何想要强使这种才能在实际中有所作为的努力都是拔苗助长，都会徒劳无功。卢梭无条件地反对一切这样的“道德说教”，反对一切灌输抽象的伦理真理，即使其采取了据说是孩子能理解的形式，譬如寓言。

在这里，卢梭也倡导“消极”教育的理念。教育者无法加速理性发展的进程；他只能通过移走挡在它路上的阻碍来使其行进得容易一些。当教育者成功地克制了这些阻碍时，他就已经做了他所能做的一切。剩下的所有工作只应是由学生来做：因为在意志世界里，每个人确实都只能是他自己把自己所造就成的那个样子。

---

① ［参见莱辛，《智者纳坦》(*Nathan der Weise*)第一幕，第三场：……阿—哈菲，快走，返回你的荒野之中吧，我怕你只因身处众人之中而忘记如何做人。］（原文为德文：

“... Al-Hafi, mache, dass du bald
In deine Wüste wieder kommst. Ich fürchte,
Grad’unter Menschen möchtest du ein Mensch
Zu sein verlernen.” ——译注）

不管我们对作为一个体系的卢梭的根本观念作何感想，有一点是肯定的：它与卢梭的其他著作之间没有任何不相一致的地方。在此处， 124
教育学与政治学，伦理学与宗教哲学完全契合；它们只是对同一条原则的诸多发展与运用罢了。于是，另外一个矛盾也得以解决。我们已经看到，卢梭拒不认为人类原本就有“社会的本能”，并拒绝将社会现实奠基于这样一种本能之上。在《爱弥儿》中，初看上去卢梭似乎也忘记了这一学说，因为在“萨瓦牧师的信仰自白”中间，我们又一次发现他诉诸一种原初社会的倾向。卢梭似乎从此中推导出了义务与良心的观念：“不管我们存在的原因是什么，它已经为了使我们得以保全而赋予我们合乎天性的感情……就个人而言，这些感情是爱自己、怕苦痛、畏死亡和求幸福。但是，如果人类天生便是社会性的，或者至少是可以成为社会性的（事实无疑就是如此），那么他之所以能够这样，只是因为与其物种相关的其他固有感情；因为仅仅考虑身体的需求，它必定会使人类分散开来而不是聚集在一起。然而，正是从那由人与自己和人与其同胞的双重关系所构成的道德体系之中产生了良心的冲动。认识善，并不是热爱善：人类并非天生就对它有所认识；可是，一旦他的理性使他认识了善，他的良心就会使他热爱善；这种感情乃是天生就有的。”① 125

① [Hachette ed., II, 261—262.]（原文为法文：“Quelle que soit la cause de notre être, elle a pourvu à notre conservation en nous donnant des sentiments convenables à notre nature ... Ces sentiments, quant à l’individu, sont l’amour de soi, la crainte de la douleur, l’horreur de la mort, le désir du bien être. Mais si, comme on n’en peut douter, l’homme est sociable par sa nature, ou du moins fait pour le devenir, il ne peut l’être que par d’autres sentiments innés, relatifs à son espèce; car à ne considérer que le besoin physique, il doit certainement disperser les hommes au lieu de les rapprocher. Or c’est du système moral formé par ce double rapport à soi-même et à ses semblables que naît l’impulsion de la conscience. Connaître le bien, ce n’est pas l’aimer: l’homme n’en a pas la connaissance innée; mais sitôt que sa raison le lui fait connaître, sa conscience le porte à l’aimer; c’est ce sentiment qui est inné.” 译文参考中译本第416—417页。——译注）

但是如果按照这一段所说，与共同体的必然联系为个体内部所固有，如果这联系绝非强加于它，而是“与生俱来”的话，那么这不就意味着，假若我们拒绝天性自由地展开，我们便是逆天而行了么？我们不就是用人为的艺术作品取代了真正的人么？不就是创造出“人为的人”(homme de l’homme)，而与“自然的人”(homme de nature)失之交臂了么？我们必须再次避免卢梭自然概念的那种模棱两可。将人与共同体联结在一起的纽带是“自然的”——但这是他理性的自然，而不是物质的自然。是理性把这根纽带系牢，也是理性出于其自身的特性而决定了这根纽带的性质。因此，虽然卢梭将人视作一种政治的存在——假如人的天性即等于人的命运的话——但却不是政治**动物**，不是zoon politikon*。摒弃了对社会作生物学的证明，取而代之的是纯粹理念的、伦理的证明。然而我们不能指望儿童有这种理念性(ideality)。儿童的生活模式与理解力还未超出本能生活的范围。而且对于其生活模式的这种限制光靠教育是无法改变的。所以我们必须拒绝一切伦理劝诫与教诲，因为从一开始它就注定是无效的。在这里，我们也必须允许学生当他一到了参加“观念游戏”的时候，就找到他必然想要而且必须找到的东西。卢梭坚信，从这种伦理的理念论中会生发出一种真正的、政治—社会的理念论。人类将不再把共同体的目标视为仅仅是本能的满足，也不再以共同体在多大程度上保证了这种满足为依据对它进行裁判。他将把共同体视作法律的缔造者与守护人——他将明白，随着这
126 项任务的实现，共同体即便不是确保了人类的幸福，也肯定是保证了人类的尊严。康德正是在这种意义上来阅读与解释卢梭的《爱弥儿》的：可以说，只有这种解释才使卢梭著作的内在统一得以保全，才能将《爱

* 希腊文zoon politikon译为英文即political animal(政治动物)。亚里士多德在《政治学》中提出，人的天性乃是政治动物。对此更为详尽的剖析请参见《苏格拉底的审判》，第9—11页(斯东著，董乐山译，三联书店，1988)。——译注

弥儿》置于全部作品之整体当中而不产生内在的断裂与矛盾。

如果对以上思考的成果作一概览的话，那我们就会清楚地看到，在卢梭成功地将基本个人经验（这是他在所有方面的出发点）转化为纯粹理智的形式，并在一种客观哲学学说的语境之中将这些经验表现出来之前，他必须走过的道路是多么漫长而又艰难。对这种学说作出体系严密的阐发与证明并不是他所力求的目标，而且他觉得自己对此也不能胜任。他在一封信中曾这样写道："所有种类的体系都非我力所能及……反思、比较、含糊其词、执意坚持、[与人辩难]——这些都不是我要做的事情。我不加阻挠[甚至]毫无顾忌地把自己交付给那瞬息的感想；因为我完全肯定，我的心只爱善的东西。我生平所做的恶都是反思的结果；而由于冲动，我才能做出那么一点儿好事。"[①]

自始至终，不仅是卢梭的思想，而且他的文风也显示出这种独特之处。他的文风不屈服或是顺从于被法国古典主义设定为思维艺术（art de penser）与写作艺术（art d'écrire）基本法则的严格标准。它总是溜出论证的严苛边界：它不满足于让素材自己开口说话，而是力图传达对于这种素材完全个人的、与众不同的感想。作为一名作家，卢梭最激烈反
对的理念就是一种"抽象的"、客观冷静的文风。"当一个活生生的信念 127
激励着我们时，我们怎能用冷冰冰的语言说话？当阿基米德兴奋得赤身裸体地在斜古拉的街头奔跑时，他所发现的真理会因为给他注入了如此之狂热就少了一分真实吗？正相反，无论谁领悟到了真理，都会禁不住热爱它——对它冷若冰霜的人从来都不曾认识它。"[②]

于是卢梭在其论证与语言中都保持了"独特"与固执。他骄傲

① [卢梭致老米拉博（Mirabeau）一封信的草稿，泰奥菲勒·迪富尔编，《卢梭书信全集》XVII，2—3，1767年，3月25日。]

② 《山中书简》，告读者[Hachette ed., III, 117]。

地承认这种独特。在《忏悔录》一开头他就说:“我被制造得与我所见过的任何人都不一样;我斗胆以为,我被制造得与所有人都不一样。[……]自然[……]打破了她用来塑造我的那个模子。”[1]然而不管卢梭如何强烈地意识到这种独特,也总是有一股最强劲的动力激励着他去交流,去和人相互理解。他从未拒斥过“客观”真理的观念与“客观”道义的要求。正是出于这个原因,他使自己激昂的个人存在与生活成为这种观念的一个工具。他坚定不移地执着于,而且可以说是沉浸于自身之中,但却在处理绝对普遍意义的问题方面取得了进展——这些问题甚至在今日都一点没有失去其力量与激昂,它们将比卢梭赋予
128 它们的、受他个性与所处时代限制的那个偶然的形式更为长久地存在下去。

① [《忏悔录》,第一卷(Hachette ed., VIII, 1)。]

致 谢

哥伦比亚大学董事会、哥伦比亚大学出版社董事会、W. Murray Crane夫人、James Grossman先生、Herman Wouk先生以及已故Robert Pitney的不愿姓名为人所知的朋友们，他们的慷慨使得两百周年版和论文集（the Bicentennial Editions and Studies）有可能问世，编者对此谨致诚挚的谢意。

此外，我还要感谢几位同事与友人，他们对导言部分提出了创造性的批评。Jacques Barzun教授、Richard Hofstadter教授、Franz Neumann教授、Henry Roberts教授和Gladys Susman小姐读过导言的草稿，他们严谨仔细且独具慧眼，这让我心怀感激。Ralph Bowen教授和Jack Stein教授帮我找到了几处难以追根溯源的引文出处，J. Christopher Herold先生为导言和译文付出的艰辛努力已远远超出了一个编辑的职责所在。

最后，我还要为允许我引用伏汉的《让—雅克·卢梭的政治著作集》（*The Political Writings of Jean Jacques Rousseau*, Cambridge: Cambridge University Press, 1915, 2 vols）中的几个段落而表示感谢。

彼得·盖伊 129

跋

1953年的时候，我对卡西勒于1932年发表其划时代的论文之后围绕让—雅克·卢梭进行研究的文献作了一番考察，发现这方面的学术研究日益兴盛。查尔斯·W.亨德尔和罗贝尔·德拉泰二人的重要研究皆带有卡西勒解读卢梭的方式的印记，他们让我尤为印象深刻。十年过后，我抓住两次机会又看了一下迅猛增长的研究文献，印象同样很深。[①]在推理缜密的三卷书当中，让·盖埃诺巧妙地探察了卢梭遗留下来的大宗零散的自传性资料——书信、出版著作和卢梭所有的自白，他试图在书中重建卢梭的真实生活。事后之见未必聪明，盖埃诺显然是在避免这种情况，他灵巧地（有时甚至是逐日逐日地）追踪卢梭的经历，以发现在卢梭一生当中的每个紧要关头，对于成其为让—雅克·卢梭来说，什么必定是十分重要的。[②]盖埃诺雄心勃勃的这项事业为卢梭在

---

① 第一次是1963年给平装本《让—雅克·卢梭问题》作一简短的序言；第二次是翌年写作篇幅更长的论文"阅读卢梭"（Reading about Rousseau），这是论文集《人道之党：法国启蒙运动研究》中的一章（*The Party of Humanity: Studies on the French Enlightenment*, 211—261）。

② 让·盖埃诺，《让·雅克》（*Jean-Jacques*, 1948—1952）第一卷《写在〈忏悔录〉边上》（En marge des "Confessions," 1712—1750）；第二卷《小说与真实》（*Roman et vérité*, 1750—1758）；第三卷《一个灵魂的苦难与伟大》（*Grandeur et misère d'un esprit*, 1758—1778 [1948—1952] ）。已有John和Doreen Weightman的英文两卷本译本*Jean-Jacques Rousseau*, 2vols（1966）。

其大名鼎鼎、影响巨大的《忏悔录》里留给后人那精心打造的形象提供 131
了必要的矫正。

盖埃诺用所有留存下来的证据耐心地复原卢梭的生活，这标志着在对卢梭的分析中出现了一个内在的转向。这并不意味着冷落了卢梭发表的著作，而是将其融入他整个的存在。另有一项对于卢梭其人内蕴的探索也许更惹人注目，而且很可能也更有影响，它就是让·斯塔罗宾斯基对于卢梭如何成其为卢梭这个问题的研究，这项研究声名卓著，而且也理应如此。[①]与卡西勒一样，斯塔罗宾斯基发现了卢梭在本质上的统一性，但与卡西勒不同的是，他主要是在卢梭极度私密的经历中那昧暗、隐蔽的幽邃之处发现这种统一性的。斯塔罗宾斯基就这样将学术分析中心理学的、移情的风尚发扬光大。当然，卡西勒并没有对卢梭的内心生活视而不见，但他有意侧重于卢梭行世的文本。在斯塔罗宾斯基看来，当卢梭是个小男孩时遭遇了为他日后饱受摧残折磨的生活——以及工作——埋下伏笔的第一次创伤。这是一件表面上看来无关紧要的事情：有人指责卢梭弄坏了一把梳子，这并不公正，但卢梭却无法说服指责者梳子坏了并非因他之过，卢梭遇到了他澄澈的良心与一个愚钝而不友善的世界给他那自认清白的存在所设立的阻隔之间的悲剧性冲突。从此之后，卢梭与他人分隔、疏离开来，那**澄澈**与**阻隔**之间的紧张成为他心中挥之不去的苦痛，对于这种苦痛他强迫症般反复思量并受虐狂似地一再重现。他最想要，也最需要的是恢复澄澈并 132

① 《让—雅克·卢梭：澄澈与阻隔》(*Jean-Jacques Rousseau; la transparence et l'obstacle*, 1957; 1971第二次修订版)。英文译本*Jean-Jacques Rousseau: Transparency and Obstruction*于1988年刚刚出版。在另外几部作品中，斯塔罗宾斯基重又开始研究卢梭，著名的有收于《欧洲启蒙运动：赫伯特·迪克曼六十寿辰纪念集》(*Europäische Aufklärung. Herbert Dieckmann zum 60. Geburtstag*)(1967)中的"卢梭与语言的起源"(281—300)，以及收于R. A.利编辑的剑桥两百周年研讨会辑录《两百年后的卢梭》(*Rousseau after two Hundred Years*, Proceedings of the Cambridge Bicentennial Colloquium, 1982)中的"卢梭与雄辩术"(185—205)。

克服疏离。在卢梭以后的一生当中，这种痛苦的紧张将遍布于他的著作之中，并最终让他无法忍受。斯塔罗宾斯基主张，这些作品“意图一致”，即“旨在保护或恢复澄澈”。[1]

如此粗略的概括对于斯塔罗宾斯基那精妙的考察来说远远不够。但即便只是快速浏览一遍他这本书，我们也可以得知，在斯塔罗宾斯基对卢梭全部著作（未刊的与发表的同样之多）的研究中，他已经成功地将卢梭作品中最为迥然不同的元素结合在了一起。斯塔罗宾斯基发现，不用强作解人，最为矛盾之处就可迎刃而解。在卢梭那里，清醒与癫狂，理性的学说与非理性的幻想，合情合理的说教话语与乌托邦式的教育格言，其内心体验感性的抒发与摆出愧疚的姿态，这一切都同出一源，并且运用了显然类似的表达方式。[2]

斯塔罗宾斯基的著作之引人入胜已足以解释其为何流行。但人们对它的接受也与时代有关：卢梭的研究者看来已经为这种内在的取径做好了准备。令人注目的是，在斯塔罗宾斯基的著作面世四年之后，罗纳德·格里姆斯利在他那本敏锐的《让—雅克·卢梭：自我意识研究》（*Jean-Jacques Rousseau: A Study in Self-Awareness*）一书中就得出了非常相似的结论，虽说他用的是自己的方式与方法。[3]卢梭全集的现代权
133 威版本第一卷一开始就是他自传性的作品，其中包括了一些坦诚心迹的残篇，这看来也并非偶然。[4]显然，已经到了由其所作见其人，而不必将其所作径直简化为这个人的时候了。

① 斯塔罗宾斯基，《让—雅克·卢梭》，14。

② 参见我在“阅读卢梭”之中篇幅更长的概述，《人道之党》，232—236。

③ 格里姆斯利的另外两本书在这里也值得一提：《卢梭与宗教追寻》（*Rousseau and the Religious Quest*, 1968）是一部合理而洗练的著作；《卢梭的哲学》（*The Philosophy of Rousseau*）力图在170页的篇幅之内对卢梭的全部思想作一个虽说简短却是透彻的考察。

④ 让—雅克·卢梭，《全集》四卷本（*Œuvres complètes*），Bernard Gagnebin, Robert Osmont和 Marcel Raymond编。历时达十年之久（1959—1969）。第二卷和第三卷分别于1961年、1964年问世。

对卢梭的认识得到了学术研究成果的支持。在整个20世纪60年代，不断进展着的《全集》的编辑工作也为对卢梭的新发现有所贡献。《全集》的每一卷都是庞然大物，在每一卷当中，注、评和参考书目加在一起就占了大约三分之一，学术成就殊为惊人，其细致入微也几乎令人窒息。另一项事业是20世纪60和70年代的产物，即精心出版卢梭的通信，之前已经作了大量的编辑工作，但此时才推出定本。拉尔夫·A.利的英雄壮举始于1965年，到1976年完成，在四十五卷书当中，他为了辨读卢梭写的草稿、相关附录文件、难以追溯的引文出处和几乎无法识别的涂抹而着实大费眼力。从此而后，再也没有研究卢梭的学者能够理直气壮地抱怨其著作资料不够用或是靠不住了。

从20世纪60年代中期以来，书写卢梭的大潮一直势头不减。对此谁也不会感到惊讶。此前研究卢梭的学者们——包括卡西勒——成就斐然，作出了几为定论的解读，尽管这样，此后还是有各种各样互相抵牾的解释继续留存，它们的魅力之大，使人无法置之不理。再加上卢梭本身也使如此多样的解释成为可能（诋毁他的人会说，他非常不严谨，且自相矛盾），他一直继续引起新的评说。除此之外，我们这个有着灭绝集中营和古拉格的骇人的世纪也觉得不能让卢梭闲着。强迫人自 134
由，将无神论者处死，他这些名声不佳的想法都已有人效法，这使得过去对卢梭的攻击又卷土重来，而过去对卢梭的守护也重新开始。最后，一些专注于卢梭著作中某几个方面或是精心划出的他生命中的某些时段的专门研究表明，虽然自卡西勒发表他的论文以来，关于卢梭人们已经说了不少，但是可以说的还有很多。

其中就有J. G.梅吉奥的比较社会学分析《卢梭与韦伯：合法性学说两题》（*Rousseau and Weber: Two Studies in the Theory of Legitimacy*, 1980）；卡罗尔·布卢姆在《卢梭与德性共和国：法国大革命中的政治语言》（*Rousseau and the Republic of Virtue: The Language of Politics in the*

French Revolution, 1986）中重建卢梭对那革命的一代人的影响；罗伯特·沃克勒详尽而又精练的《卢梭的社会思想》（*Social Thought of J. J. Rousseau*, 1987）；爱德华·达菲的《卢梭在英格兰：雪莱对启蒙运动的批判的语境》（*Rousseau in England: The Context for Shelley's Critique of the Enlightenment*, 1979）。梅吉奥总结道，卢梭思想中"最终的、**真正的**矛盾"在于，他既是"一名朝后看的无政府主义者，与社会历史的进程之间有着深刻的不一致"，同时又是"创建现代民主的那个人，因此也就是创建合法性的现代原则的那个人"。（p.86）从卢梭到韦伯这"一个半世纪"是"政治学说史上最富饶的时期"（p.202），梅吉奥追踪在此期间现代的合法性观念之链，他巧妙地将卢梭的政治—社会学思想安置到其历史当中。

卡罗尔·布卢姆将卢梭带入到法国大革命当中，她是迄今为止试图评价卢梭身后影响的极少数学者之一，就像所有关于影响的研究一样，这项工作对头脑简单者和印象派来说都同样是个陷阱。在书名中她的论点已隐约可见：到大革命时依然存在的，是卢梭的德性观，罗伯
135 斯庇尔、罗兰夫人和反革命的宣传家们别无相同之处，却都很方便地就把卢梭的德性观拿来引用。布卢姆认为，我的想法过于简单了。我主张"伏尔泰、百科全书派和卢梭的观念在革命的言论与思想中扮演了相对次要的角色"（p.17）。① 而她的观点是，即便在革命的演说家中只有极少数人直接援引卢梭，那些人也拥有权力。在大革命时期继续存在的，是卢梭作为一个有德之人那模糊的、招人喜欢和诱人的形象，而远非他具体的政治分析与提议。

沃克勒那精细的分析集中于卢梭关于政治、社会、音乐和语言的著作，即他在1750—1756年间发端于早期两篇论文的所思所作。卢梭轰动一时的关于艺术与科学的第一篇论文遭到了许多批评，紧盯原文的

① 布卢姆这里是引用了我的论文"法国大革命中的修辞与政治"，本文作于1960年，翌年发表，在《人道之党：法国启蒙运动研究》，p.176（1964）中又作了修订。

阅读使沃克勒能够重建这时卢梭发现自己在智识上所处的位置。沃克勒表明，卢梭正是在对这些反应的答复中，一步步发展了自己的思想。最后，在我看来，达菲对卢梭带给英国浪漫主义者之影响的研究，尤以其简练，堪为其他此类研究的楷模。这种有选择的、细致的研究可以视为迈向对于卢梭的新综合的第一步，因为几十年前卡西勒、赖特和其他人的综合还是给进一步的工作留下了余地的。

结果，对近来的文献作一番浏览，就使得读者——至少是我这名读者的心中五味杂陈。我有好几次机会拓展了自己的理解，并有一种似曾读过（déjà lu）的感觉。从20世纪60年代后期开始，结构主义一派的 136
文学批评侵入对卢梭的解释，这让人心中的感觉更为含混。

继续研究卢梭的最有希望的——当然也是最诱人的——领域无疑还是心理学取径。不幸的是，与这种方法结伴的总是对当代政治的任意的，而且经常是不负责任的影射。就像我在导言里提到的那样，实际上没有人能忍得住不用心理学来解释卢梭。但却有太多读者认为，卢梭晚年严重的精神官能障碍表现明显，这让人有理由觉得，他心志较为健全的那些时候已经患上了在最后阶段才害了他的妄想症。甚至倾向于把卢梭往好处想的学者，也感到不得不对他的精神状态做出评论，并将之与其著作联系起来，而且这种联系常常直截了当得让人吃惊。这些解释者视卢梭的神经官能症与公意之间的距离不过是小小的一步——他们就这么跨了过去。[①]斯塔罗宾斯基那精妙的手法

① 例如，约翰·麦克曼内斯（John McManners）1967年在莱斯特大学那雅致的首场讲座。麦克曼内斯对卢梭偏好对话体是这样评论的："在这种持续不断的内心论辩之中，处处都显现着他自己的激情、不确定和分裂。《社会契约论》也不例外。和他别的伟大著作一样，这本书是用激情写就，其参照的中心是他自身以及他自身之中相互矛盾的不同的自我。" 还有，"……正是在《社会契约论》中，正是通过贬抑自我这种方法，卢梭最终挣破了他在自己周遭编织的细如蛛丝却有如钢铁般坚韧的无垠的孤独之网" 。（"社会契约与卢梭对社会的反叛"［1968］，19。）

后继乏人。

因为有太多人抓住卢梭在心理上的毛病不放，他们把自己的读心术当作武器来用，所以上述推论的路数格外成问题。对这些著述者来
137 说，疯子卢梭就是极权主义者卢梭。例如莱斯特·克罗克在其传记第二卷中有一节的名字就颇有煽动性，叫做“威权主义的个性”，在这一节中他断然主张：“卢梭的著作植根于他的个性和内心固有的问题。将它们割裂开来，就会在理解其中任何一方的时候有失去整体把握的危险。比如说，倘若在《社会契约论》中他真的以为自己是在捍卫个体及其有权将权利让渡于拥有无上权力的集体的话，那么这就与他那非凡的自我欺骗的能力不相一致了。”诚然，克罗克谨慎地提到“这并不是说卢梭的政治哲学就只不过是其个性的表现。对卢梭而言，它在智识上自有其可信性，卢梭那犀利的才智也效忠于它”。[①]然而这种恰当的警觉却没能阻止克罗克的如下看法：“无论我们选择什么样的观点，无论我们查阅什么样的证据与可靠依据，我们都被带回到同一个结论。此人与其著作是一体的，二者用无尽的光亮互相阐明。双方内部的矛盾都是一样的，只要理解了它们之间的关系，它们就被包含在他自身那错综复杂的统一体之中了。”[②]只要还有一个历史学家不抗拒对思想观念进行心理分析，那就应该是我，但是这样轻而易举就将二者等同起来，只能让人怀疑二者是否同一。由克罗克在卢梭那里发现的“错综复杂的统一体”之中所显现出来的，其实是极权主义。关于卢梭与罗伯斯庇尔，克罗克认为“雅各宾派的统治在许多方面乃是试图实现有着那一社会契约的全面的集体主义国家，统治这个国家的是‘德性—爱国

① 《让—雅克·卢梭：预言（1758—1778）》(*Jean-Jacques Rousseau: The Prophetic Voice*（1758—1778), 1973, 189)，第一卷《让—雅克·卢梭：追寻》[*Jean-Jacques Rousseau: The Quest*（1712—1758）]于1968年面世。

② 同前，196。

主义’”。[①]这个结论因其极端之非历史（unhistorical）而让我震惊；它将某些段落从其所处的丰富的古典语境中拿出来，将之强加于一个时 138
代——我们自己的时代，而这个时代却并非是那些段落所意欲的，这个时代也没有将那些段落付诸实践。[②]如此这般解读的话，我们就不得不说，法西斯主义、纳粹主义等都是从卢梭那里汲取灵感的。

最后，我所说的文学批评侵入卢梭解释的这种现象出现于20世纪60年代，它所引起的混乱一点也不少。而且，这些批评家将他们自身的混淆不清也引了进来。解构主义者——最有名的是雅克·德里达[③]和保罗·德·曼——发现卢梭让人着迷，他们特别关注卢梭关于语言起源的未写完的论文。他们建议通过使卢梭复杂化的办法来理解他，并拐弯抹角或开诚布公地宣称，在他们之前，无人真正正确地阅读卢梭。例如，在《阅读的讽喻》（*Allegories of Reading*, 1979）一书中介绍其关于卢梭的论文时，德·曼哀叹卢梭解释者当中的“劳动分工”，即文学批评家专攻卢梭的文学作品，历史学家和社会科学家埋首于他公之于众的政治学著作。[④]他补充道，这会导致严重忽视卢梭的比喻语言而助长

① 克罗克，《解说卢梭的社会契约》（*Rousseau's Social Contract: An Interpretive Essay*, 1968, 120）。

② 要说我们这个世纪对卢梭最怀敌意的批评，没有人能比得上J. H.赫伊津哈。参见他的《卢梭传：自我造就的圣人》（*Rousseau, the Self-Made Saint: A Biography*, 1976）。赫伊津哈捍卫令人敬仰的自由主义价值观，但他为此付出的代价却是不作严肃的分析而纯粹成了詈骂。例证多如牛毛，此处仅举一个：卢梭建议波兰人废除节日，赫伊津哈由此论证说“让—雅克的现代弟子发明了纽伦堡集会，并运用诸如‘通过欢乐获得力量’（Kraft durch Freude）这样的机构控制娱乐活动来为民族国家效劳，而让—雅克走得比他们还要远”。（p.223）在解释卢梭的丰富的传统中，近来有些努力，例如吉塞勒·布勒托诺的《卢梭的斯多葛主义与价值观》（*Stoicisme et valeurs chez J.-J. Rousseau*, 1977），就对卢梭这个披着民主外衣的古代斯巴达人要公正得多。

③ 特别见德里达《论文字学》（*De la grammatologie*, 1967）各处，但首先是第二部分。

④ 见德·曼《阅读的讽喻：卢梭、尼采、里尔克与普鲁斯特的比喻语言》（*Allegories of Reading: Figural Language in Rousseau, Nietzsche, Rilke, and Proust*, 1975），135。

139 一种拘泥于字面的笨拙。[①]不管德·曼有着什么样的论点，他的行文却让人什么都看不出来。解构主义者的著作用语隐讳，论证难以捉摸，至少完全不能让我这个卢梭的读者信服。

卡西勒力图描绘把卢梭所有著作联系起来的，常常是杂草蔓生、曲折迂回的路径，而解构主义者则大不相同，他们决意用能找得到的最浮夸而晦涩的话来表达自己，往往是摒弃了思想的实质而乐于玩弄语言游戏。不一定非要是个外行才会觉得被下面这样的句子完全引入歧途，才会觉得它们没必要这般晦涩，即“政治文本与自传性文本有相同之处，它们共有一个所指的阅读时刻，这个阅读时刻显然被嵌在它们意义的光谱旁，而不管在其模式与主题内容上怎样具有欺骗性：在一个既是政治的，又是自传性的文本中，这就是米歇尔·莱里斯所说的致命的‘公牛之角’”，[②]又如，“阅读[卢梭《忏悔录》]的要点表明，阅读的困境是语言学的，而不是本体论或解释学的。就像《忏悔录》中玛丽昂(Marion)事件所清楚表明的那样，可以将对替代的转喻模式(二元或三元)的解构包含在话语之中，这些话语不仅使可理解性的前提无可置疑，而且由于掌握了用转喻置换掉理解的重负，从而巩固了这个前提”。[③]不管别人对这些言论怎么说，依我之见，它们不打算给对卢梭的解释中还存在的任何黑暗角落带来光明。在此种情况之下，我们只能
140 对德·曼所谴责的阅读卢梭中历史学家与文学批评家之间的劳动分工表示欢迎。

我们从这里又走向何处？若干年前我曾建议，该是新写一本卢梭

---

① 平心而论，我要说，德·曼显然拒不认为促使读者对卢梭作出拘泥于字面的解读的，是一种“存心的敌意，应该有一种反对这种敌意的对卢梭的捍卫来与之相抗衡。卢梭有妄想症，卢梭的解释者应该避免重蹈覆辙”(《阅读的讽喻：卢梭、尼采、里尔克与普鲁斯特的比喻语言》，136)。

② 《阅读的讽喻》，278。

③ 同前，300。

传的时候了。我前面简要讨论过的可靠研究之繁多，让这个建议更为切实可行。我以为，用一个并非结论的按语来总结一下以上简要的文献综述是合适的。不久之前，莫里斯·克兰斯顿（Maurice Granston）出版了预计为两卷本传记当中的第一卷。他利用了所有近来的学术成果和保存在日内瓦、巴黎、伦敦和纳沙泰尔的档案馆中尚未出版的宝藏。照常理说来，此书看来是个好兆头，但真正要接受考验的是第二卷。因为据克兰斯顿所说，第二卷事关"[卢梭]最声名显赫与最不幸的流亡的那些年头，《爱弥儿》、《社会契约论》和《新爱洛漪丝》也恰在此期间问世"[①]，克兰斯顿必须直面卢梭思想真正的错综复杂。我们必须耐心等待。人们只能希望他能想起卡西勒论卢梭一文的结束语，这对他有好处："他从未拒斥过'客观'真理的观念与'客观'道义的要求。正是出于这个原因，他使自己激昂的个人存在与生活成为这种观念的一个工具。他坚定不移地执着于，而且可以说是沉浸于自身之中，但却在处理绝对普遍意义的问题方面取得了进展——这些问题甚至在今日都一点没有失去其力量与激昂，它们将比卢梭赋予它们的、受他个性与所处时代限制的那个偶然的形式更为长久地存在下去。"

彼得·盖伊

1988年 141

① 《让—雅克：让—雅克·卢梭的早年生活与著作，1712—1754》(1983)，10(*Jean-Jacques: The Early Life and Work of Jean-Jacques Rousseau*, 1712—1754)。

索　引

（条目后的数字为原书页码，见本书边码，“n” 指在注释中）

附　录

让—雅克·卢梭著作的统一性*

格扎维埃·莱昂先生**：尊敬的卡西勒先生，三年前，您杰出的同胞胡塞尔教授受日耳曼研究学会（Institut d'études germaniques）之邀，像您一样来到巴黎，也像您一样接受法兰西哲学学会（Société française de Philosophie）的邀请，给我的同行们做了一场报告，他善解人意，将那次报告置于笛卡尔的庇护之下，名之为《笛卡尔式的沉思》（*Méditations cartésiennes*）。

今天我们哲学学会欢迎您。一直以来，我们致力于恢复笛卡尔主义那哲学以科学为依托的伟大传统。柏拉图在学园门口写道："非几何学家勿入。"我们谨遵其言。我们还记得，在1899年您的学术生涯肇始之初，也正是在笛卡尔——数学家和哲学家笛卡尔——的庇护下，您在马堡学派（Ecole de Marburg）面前进行了论文答辩，题目是《笛卡尔对

* 卡西勒于1932年2月27日在法兰西哲学学会作此演讲，与会者随后进行了讨论。因卡西勒演讲内容与《卢梭问题》基本相同，所以这个部分略去不译。本文译自《法兰西哲学学会会志》（*Bulletin de la société Française de Philosophie*, 32d year, NO.2, April-June, 1932, p.46—66）。本附录根据法语原本译出，梁爽校译，附录注释均为译注，以下同。

** 格扎维埃·莱昂（Xavier Léon, 1868—1935），法兰西哲学学会的创始人之一。

数学与自然科学知识的批判》(*Descarte's Kritik der mathematischen und naturwissenschaftlichen Erkenntniss*)。

这是我们之间的第一重纽带。我还想起，您以前就与我们最为挚爱也最是痛惋的同行之一路易·库蒂拉* 有所联系，当他潜心于研究莱布尼茨之时，您本人也写出了《莱布尼茨的体系》(*Leibniz's System*)一书；这是我们之间的又一重纽带。

今天，让我们尤为感动的是，您也愿意向法语思想致敬，提出了几个主题由我们选择，其中之一便与您对18世纪的研究相关：让—雅克·卢梭思想的统一性。在此请让我以我同行们的名义向您致以诚挚热切的谢意。也请让我以他们的名义感谢您为了便于讨论，愿意用我们的语言来发言。

此外，您对卢梭的兴趣并不让我们感到意外：您不正是一直都敬重康德的马堡学派的弟子么，您不是马上就要亲自向我们重申"那个倡导实践理性至高无上的人，那位18世纪所产生的唯一一名绝对的伦理学家"也是完全理解卢梭伦理主义的唯一，或几乎唯一一人么，这难道不是我们之间的又一重纽带？

最后，我一定要把我时常对我们有幸请来发言的外国同行所说的话向您再说一次：在我们有所作为的这个小小领域之内，我们不知道还有什么方式比人与人之间的交流更为有效，我们由此学习互相了解，学习互相品评，我们胸怀炽热之心，为诸种精神相互靠近而努力着，为您那伟大的同胞费希特所说的学者共和国(République des savants)的降临而准备着，这个共和国的根本使命便是让那应该永远照耀国际联盟(la Sociéte des Nations)并赋予其生命的火焰一直燃烧不尽。

* 路易·库蒂拉(Louis Couturat, 1868—1914)，法国哲学家与逻辑学家。1914年因车祸去世，与他相撞的汽车运送的是给法国军队的战争动员令。

卡西勒先生在用德语向莱昂先生道谢之后，首先请大家原谅他的法语表达还没有自己所希望的那样好。但他表示一定会从莱昂先生所愿。

[卡西勒接下来用法语作了报告，其基本内容是他的论文“论让—雅克·卢梭问题”（Das Problem Jean Jacques Rousseau）。]（参见彼得·盖伊的“英译者说明”。——译注）

格扎维埃·莱昂先生：刚才卡西勒先生因为要用我们的语言演讲而说了几句德语向我们表示歉意。我想在座各位听完之后都不会怀疑，我请他用法语是有道理的。我们几乎听不出他在表述中再轻微不过的口音。再次感谢他愿意用法语演讲，现在讨论开始，请巴施发言。

维克托·巴施先生*：卡西勒先生的研究精妙至极，他的洞见也极其罕见。机缘巧合，十五天之前，我就同一主题也做了一次演讲。

我和他的结论并不完全一致，这大概不会使各位惊讶吧。

我试着自己来总结一下我这位杰出同行十分漂亮，也十分惊人的论证。

卡西勒教授让卢梭不仅做康德的先驱，而且成了他的实现者，恕我直言，甚至是“履行者”，也就是一位比康德本人还要彻底得多、强硬得多地体现了自己学说的哲学家，《批判》（*Critiques*）的作者明确提出了实践理性至高无上，但他却并未证明其存在，也没有要将其运用到哲学中各不相同的领域。

对卡西勒先生来说，卢梭与费希特相像，将实践理性至高无上说运

* 维克托·巴施（Victor Basch, 1863—1944），哲学家，犹太人，生于布达佩斯，幼年随家庭移居法国。1944年被维希政权杀害。

用于政治与社会学，而非形而上学。

首先，他向我们说明，自由的道德自律观如何成为卢梭思想的本根。在卢梭看来，这是因为人类是自由的，还因为——这就奇怪了——卢梭的自由在于我们每一个人都完全放弃个人自由，而支持由国家来控制自由的自我（Moi libre）的一切表现，卡西勒教授相信能够对两篇《论文》的作者的哲学前提与《社会契约论》的设定这二者进行调和，而我想说，它们比卢梭本人还要矛盾。然后他表明，卢梭的神义论完全源于自我自律观，这自我自律观通过创造社会，不仅证明神之正义，而且还创造神。他接下来说，智性并不像观念学派（les idéologues）认为的那样源于外界的影响，而是和认知本身一样，都由意志自律所产生。最后，他试图说明，由于那个孩子被赋予自由，脱离了社会关系，避免了榜样的习染，由于他通过一种自发的冲动从而能够创造出科学、艺术、社会、宗教和神，因此《社会契约论》与《爱弥儿》之间的表面矛盾也就消解了。

将如卢梭那样纷繁复杂、变化不定的思想化约为一个统一体，这是辩证法的杰作。可这与我们研究卢梭著作所揭示出的他真正的思想相吻合么？

我来冒昧地作一初步评论。我尊敬的同行，您说您以为在卢梭那里，艺术家卢梭是哲学家卢梭的补充。正是在此处，我们之间有了分歧。照我看来，哲学家卢梭是诗人卢梭的补充。事实上，您一开始就把卢梭完全当作职业哲学家对待。而后又好像有些内疚，您在那精彩的报告结尾处说道："卢梭所建立的，不是一个体系，不是一种真正的哲学；他是一名艺术家，因此我们不应苛求于他。"

我以为，尽管卢梭确实是一名思想家，一名深刻的思想家，但他首先是一位诗人，一位小说家，他若不是诗人和小说家，便不是思想家与哲学家。

他的文学生涯是从一种人种学小说开始的，在其中他提到了原始人假说，提到了古怪的文明的野蛮人。接下来他写了爱情小说《新爱洛漪丝》，教育小说《爱弥儿》，最后是政治小说《社会契约论》和自传小说《忏悔录》。小说家与诗人，这才是卢梭深层的本性，在他还是个孩童时，他父亲就用小说来滋养他，后来卢梭把自己的生活著成了一部小说，他把万事万物，把纵横于其生命中的所有论著，以及他在现实中和脑海里所专心从事的一切活动都"小说化"了。由此我以为，正是因为这种根本上的特性，我们在讨论卢梭时，不应满足于只是在最后才好像作出某种辩白一般说："他也是个艺术家。"相反，我们应以此为出发点。

所以，如果我们真的与卢梭（而不是与一位严格意义上的哲学家）打交道，如果我们无权要求他是一个系统的整体（而这恰是真正的哲学家的标志），那么我认为，就不应该试图赋予其这种统一。同样的问题也曾摆在我面前，至少对我而言，我和我们杰出的同行不同，我不会试图在卢梭的著作中找出可以完全演绎出其对于生活、人类和神的看法的哲学中心点。我认为，在讨论歌德的哲学、维克多·雨果的哲学和卢梭的哲学时，我们应该有所保留（cum grano salis），应该将这些天才艺术家看成是观念的音乐家。在他们那里，我们可以找到正论（thèmes），反论（antithèmes），有时也可以找到合论（synthèmes），但永远不会有体系（systhèmes）。

如果确如以上所说，卢梭首先是个诗人，是个艺术家——总是不断有最为变化多端的意念、冲动与感觉（sentiment）在艺术家身上流淌——那么他的自相矛盾就不令人惊讶了，这只是些不同的主题而已。我们有权思考的只有一点：尽管这些主题表面上看起来不相一致，但其中到底有没有一个基调主导着其他所有服从于它的诸多主题？在卢梭那里，从两篇《论文》到《忏悔录》有没有一种气息上的统一，一种同样的心理氛围？我认为是有的，而且我以之作为中心，作为卢梭天赋之源泉的，不是那道德意志、自律意志，不是那康德所构想的、其本质完全异于卢梭感性与肉身之天性的形而上学的自由，而恰是与理性意志截然相反，即与知性、与理性相对立的感觉，我认为感觉才是作为思想家卢梭的卢梭其人的魂魄所在，而您，我尊敬的同行，只是在您精彩报告的末尾一语带过，给了它一个微不足道的容身之处。“思考之前我已感受，这是人类共同的命运。我最能够证实的就是这一点。”卢梭的一切，尽在此言之中。

在我的笔记里有无数的论断表明，对卢梭本人来说，他首先是一个去感受的人。您不用读这些论断，我请问：感受，这是什么意思？什么是感觉？

感觉乃是自我面对外部世界的冲击时直接、自发和不可遏制的回应。它是呼喊，是独一无二的存在的独一无二的呼喊。说话时，我们使用的是由社会锻造出来的工具。思考时，我们运用的概念是人所共有的，并且这些概念本身大概也是由人类共同努力创造出来的。同样，行动时，我们设法让自己的行为与人类共同体所设置的规范保持一致。而与此相反，我感觉时，只有我自己；我的感觉从自我之中喷涌而出，它是由这自我所创造的，没有人，绝没有任何人能够对这个自我拥有哪怕一丁点权威。在，而且只有在感受的领域中，我乃至高主宰。感觉就是个人主义，我以为，就是这构成了卢梭的全部。

《论科学艺术的进步与论不平等》* 的主题是什么？如果人类沉湎于感觉之中——原始人就是如此——那么他们将终生幸福。他们居住在散布于森林的草屋之中，就像刚开始生活时的那个样子生活，并一直生活下去。但他们无法忍受这种孤独；他们互相靠近，一旦他们汇集在一起，就产生了与利益结伴而来的奢侈、财产、科学与艺术等等。

《新爱洛漪丝》。在一切感觉当中，最强烈的是爱情。它从性别不同，但又彼此缘分天定的两个人中间迸发出来，它比义务更强大，比社会的羁绊等等都更加有力。无需我来提醒，我尊敬的同行，您对卢梭如

---

* 原文如此，指卢梭的两篇论文《论科学与艺术》和《论不平等》。

此熟稔，一定记得圣·普栾在致德唐先生（M. d' Étange）的信中写道："不论您拥有怎样的权威，我的权利也比您的更为神圣。"于丽也说："她（一个骗人的声音）用虚妄的义务来反对我，反对我永远爱那上天让我去爱之人的义务，这些虚幻的义务又是什么呢？"

在爱情中还应加上我们在面对自然（la nature），面对引领我们朝向自然的不可抗拒的本能时所体验到的感觉，这本能不仅把我们带向18世纪所经历的被文化削弱、美化和被文明化的自然，而且把我们带向真正的、原始的自然，不会更美丽，但却是崇高的——雪山之巅、月色清幽、粗涩的孤寂等等——卢梭是理解并歌颂其魔力的第一人。

《爱弥儿》。什么是爱弥儿？您已经解释得十分明白，无需我再多说。这是个被抛给他自己，抛给自然的孩子，他的导师要用经历体验来影响他，且不让他看出这经历体验是导师刻意营造出来的。道德意志是其存在的根本么？不，是其冲动、感觉，是在沉湎于冲动与感觉之后，他才创造出了科学与艺术等，就像他创造了他本身一样。

卢梭的道德：康德已将那崇高的呼声铸成一种体系（如果呼声能够被铸成体系的话），还需我来重申么？

神学："所以我相信有一个强大而智慧的意志统治着世界；我相信，或者毋宁说我感觉到就是这样。我在上帝的所有作品中处处意识到是这样，我在自己身上感觉到是这样，我在自己周围看到的也是这样。"

下面到《社会契约论》了。在这里，有偏离，有明显的矛盾。卢梭那么强有力地宣称，是因为沉湎于其冲动、感觉之中，人类才获得纯洁与幸福，之后却突然——此前，谁敢以为这是卢梭的思想呢？——写道："从自然状态过渡到公民状态使人类产生了十分显著的变化，正义取代了本能来引领人类（之前本能必然驾驭人类），人类行为也被赋予了前所未有的道德。"而在此之前，为了幸福，为了得到绝对、完全的道德，人类只需倾听"其良心的声音"就能幸福，就能获得绝对、完全的道德。我们现在得知，创造出道德王国的，正是取代了冲动的义务的声音。于是义务与良心那抑止不住的冲劲之间的差别，甚至对立，就如萨瓦牧师所言，像一道闪电，在人类面前展现出一条义务之路。

一旦注意到这第一次偏离，我们就会发现这并不是第一次。我尊敬的同行，您说得很有道理，《新爱洛漪丝》中也包含了两个对立的主题：第一个主题肯定感觉有绝对权利让人们听从它的声音，肯定激情——这不过是最强烈的一种感觉形式罢了——有绝对权利位于道德的与社会的义务之上。小说的第二部分发展出第二个主题，当于丽一结婚：严格的家庭与社会道德，以及严格的社会经济重新出现，所有这些在第一部分中好像被驱除的幽灵那样没有容身之处，而在此处它们融入现实，成为现实。

我们也发现在《爱弥儿》中已有偏离。如果卢梭的确忠于其一开始时的想法，那么爱弥儿本应成为像加斯帕尔·奥塞尔*那样的人。他本应在彻底的孤独中长大；他本应只按照其天性的潜能成长；他本应只听从他自己的本能，并由此——出于自然之手的人类是善良纯洁的，而只是由于社会才变坏的——臻于道德上的完善。然而在小说中，这个孩子一直由那位导师兼朋友引领，后者对爱弥儿关怀备至，并发明了他所察觉不出的手法掩饰着自己的干预，而爱弥儿受到这种干预，自我之中的天然萌芽被抑制了。于是，一方面，主导的主论是：感受高于人类所有其他的表现，个人高于社会。然后是反论：道德取代感觉和冲动，社会进入并抑制个人。在那本您提到的十分全面和认真的著作中，欣兹已试图对这种对立的转变作出解释，他指出，卢梭激射出的才华有两股心理源泉：一个是浪漫，另一个是加尔文宗的因素，这要归于其出生和教育……

* 加斯帕尔·奥塞尔（Gaspard Hauser, 1812？—1833），1828年在纽伦堡街头被发现，举止有异常人，传言他有王室血统，但其身份一直是个谜，被人称作“欧洲孤儿”。

卡西勒先生：天主教徒卢梭……

维克托·巴施先生：是的，清教徒、天主教徒卢梭。因为奇怪的是，欣兹似乎把天主教的因素与加尔文宗的因素等而视之。但我以为，在以上所说的两股源泉中，最有力的还是第一个。卢梭在我眼里首先是一个感觉的存在，一个毫不妥协的个人主义者。其心理与精神结构已经有些病态。而事实上，卢梭之病是自我不正常的畸形发展，是善感性的病态激化。正因为此，他是现代抒情诗的创始人。说到底，卢梭从来没有写过别的，他只写过自传。他著作中只有一本取了《忏悔录》这个名字，这是最好的一本，您没有提到，而我以为，这就是卢梭的一切。他所写的都是《忏悔录》，只不过用的是众多的中间人。圣·普栾是卢梭；于丽也是卢梭；同样，爱弥儿、他的导师和萨瓦牧师也只是卢梭。就像这些人物都只不过是感觉，他所说的，归根到底也从来都只能是他自己。

感觉主义者和个人主义者，这就是他的本质。如果他将这种态度运用到政治上会有什么后果？是个人主义的无政府主义，不是施蒂纳* 和尼采的冷酷无情的无政府主义，而是由埃利泽·勒克吕** 和克鲁泡特金*** 发展起来的，蕴涵着共产主义的悲天悯人的无政府主义。如果卢梭忠于自己的前提，那么他本应支持所有个人有权以自己独特的方式发展，进不进入自由的联合体取决于各人自己。被剥夺了所有强制力量的国家会由诸多自由联合体组成，在这些联合体中，个人能够完完全全地充分发展。然而卢梭却并非如此，他设想了这样一个国家，其中个人一旦自由地同意与社会联合——这正是您特别强调，也强调得在理的

---

*　施蒂纳（Stirner, 1806—1856），若安·卡斯帕·施米特（Johann Kaspar Schmidt）的笔名，德国哲学家。

**　埃利泽·勒克吕（Elisée Reclus, 1830—1905），法国地理学家、无政府主义者。

***　克鲁泡特金（Kropotkine, 1842—1921），俄国无政府主义者。

一点——他就放弃了一切个人自由，从此不过是共同体的农奴。

有可能调和上述对立的观点么？我看不可能。我也在想，您，我尊敬的同行，在您精彩的发言中所表现出来的机智与洞彻已臻极致，但在此处您成功了么？最后我还要重申一次，卢梭不是严格意义上的哲学家——更何况，最伟大的哲学家们总是一直严格忠于自己的么？——他没有义务将其总是为感觉所浸染的丰富多彩的思想化约为一个严密的统一体。诗人，有权让其灵魂的所有声音都放声歌唱，不管有时它们会多么不和谐，有权让其灵魂中最迥然不同的花朵都绽放开来。让我们呼吸那些不同的醉人馨香。在您引用的康德的一段话当中，他自认是那位日内瓦公民的门徒。但您忘了，让康德迷上卢梭的，首先是“其雄辩的魔力”，也就是感性的，或近乎肉身的品质，这品质不是来自理性思想的固定疆域，而是源于艺术那变动不居的领域。

卡西勒先生：如果要我给出配得上巴施先生刚才的发言，配得上这样一位对手的回应，您得允许我使用德语。

莱昂先生：您可以一次回答您的所有反对者，这样也许更好些。

埃利·阿莱维先生（Eile Halévy）：吉尔松刚在伦敦做了一次关于卢梭的演讲。

莱昂先生：那就请吉尔松发言。

艾蒂安·吉尔松先生*：在听了卡西勒教授如此精彩的报告和巴施

* 艾蒂安·吉尔松（Étienne Gilson, 1884—1978），法国哲学家，历史学家，1946年当选法兰西学院院士。

先生的发言之后，我的问题是：在卢梭的生涯中，从何时起我们可以认为，您所说的孔狄亚克的影响占了上风？

在您的发言中让我十分惊讶的是，这个问题在孔狄亚克的版图之外，但从哪一点起，我们可以不用退出孔狄亚克的版图就进入卢梭学说的内部，或者从哪一点起我们不得不越出孔狄亚克的版图？

我以为，在卢梭思想中是有某种统一性的。但我不十分肯定，这种统一性是否应该在某种道德理性主义的方向，或是像卡西勒教授所提示的那样，在良心学说这一方向上去寻找。《忏悔录》中的一章（第二部分，第九卷）总是让我惊讶，卢梭在其中列举了他生命中那一时期曾经想要完成的种种著作。他说他反躬自省时，首先是被自己感觉的变动不居所震惊。他自问这是因何而起，并在如下事实中找到了原因：我们在很大程度上受制于外部客体让我们产生的印象。环境不断地改变，我们自身也随之不断变化。卢梭已经有了一本书的构思，想要表明外在环境是如何从外部不断塑造我们的。如我们所知，这本书有一种类似于孔狄亚克的气息，认为知道了外部客体对于我们的作用，我们就可以对这些外在影响进行甄选并将其作用组合起来，以使我们更轻易地获得和保持德性。他说："如果我们懂得迫使动物性的结构去促进它经常扰乱的道德秩序，那我们就能多少次地避免偏离理性，能阻止多少邪恶的产生啊！气候、季节、声音、色彩、黑暗、光明、大自然的力量、食物……等等。所有这些都作用于我们这部机器，由此也作用于我们的灵魂。因而可以得出，如果我们愿意，所有这些都为我们提供了成千上万种近乎万无一失的办法，来从源头上控制我们任其摆布的感觉。为何不开一个单子把这些外部影响罗列出来呢？为何不用这种方式来处置它们，即我们可以通过它们来随心所欲地塑造人类，就像对一个黏土做的艺术模型那样？"

卢梭打算给这部"我还没怎么写"的著作取名为《感性的伦理学》（*La Morale sensitive*）或《智者的唯物主义》（*Le Matérialisme du sage*）。

不幸的是，这本书一直没有完成。可如果完成了的话，它难道不是给我们提供了一把开启卢梭著作的钥匙么？它难道不是允许我们赋予其另一种统一性，一种不同的，但却不排斥您所说的统一性？

因为，《爱弥儿》显然就是智者的唯物主义，就是感性的伦理学。所以，无论是对年轻人被置于自然的环境之中，还是对伪造自然的教育者的一再干涉，我们都不应再感到愤慨。他决定遵照智者的唯物主义，这是他的职责：他施加外部影响以塑造他的学生。《新爱洛漪丝》也是智者的唯物主义；他解决了德·沃尔马先生的方法问题，这个问题曾困扰E.法盖与莫尔内（Mornet）先生。德·沃尔马先生怎能为了使圣·普栾和于丽康复就让他们俩单独相处？法盖说："他们想把赌注压在例外上。"莫尔内先生说："这是本书的中心，却也是完全荒诞不经的。"事实上，从卢梭的观点来看，圣·普栾以为自己爱德·沃尔马小姐；实际上他爱的是于丽。可于丽不在了。如果卢梭让圣·普栾和德·沃尔马小姐单独相处的话，他们会发现，他们变了，会发现他们爱的实际上是一种对不复存在的真实对象的回忆。用现在确凿的现实来驱除过去的幽灵，这又是运用了感性的伦理学。

这种解释也能涵盖《社会契约论》么？我以为并非不可能；总的来说，《社会契约论》所想要做的，难道不就是建立一种法律，组织一个具有不可改变、不偏不倚的性质的社会，这个社会迫使所有被此种性质所掌控而服从于外部支配规则的个人一旦如此，就会顺从社会的影响，就会逆来顺受。而且这个社会是行善的，这就更好了。卢梭想要法律"强迫人自由"，为的是强迫人善良。

如果这种解释有几分正确的话，那我们在重建卢梭思想统一性的几种可能性中就还有选择的余地。另外我深信，应将我的想法融入您的之中，这样可使其更为完满。这是否可取，甚或是否可能，我听候您的裁断。

塞莱斯坦·布格莱先生*：我最近没有机会在伦敦或巴黎以卢梭为题做讲演，但这整整一年的漫长时间中，我都在听参加中学哲学教师资格考试的大学生候选人谈这个主题，他们也听了我的看法：我的同行们知道，我们每年都要重读我们的经典作家的著作。即使我们不是在重温中学教师资格会考的话，那也是在以会考的视角来重温我们的作家。

我要衷心感谢我们的同行力挽狂澜。太长时间以来，人们太经常满足于说："卢梭自相矛盾"，特别是人们不知多少次地在说《社会契约论》（此处可援引法盖、埃斯皮纳斯和瓦莱特先生本人的说法）。"这本书最不像他自己，它是一种赘疣，是卢梭著作中一个不协调的声音。"听了我的同行巴施先生的发言之后，我在想，他是不是也不会完全同意这些在我看来太过浮浅的评论。

维克多·巴施先生：不完全同意。

塞莱斯坦·布格莱先生：……无论如何我要感谢您，我尊敬的同行，感谢您在智识上所做的移情努力，因为，在我看来，这是一个事关方法的问题；我以为，永远不应急于指出一位人们苦心研究的作家那里存在着不和谐。我们应该努力重新寻找深层的统一性。

我想，有些人没有尽力，他们在《社会契约论》——这是卢梭著作中最积极、最富建设性的部分——面前止步，在读了此书第一卷第七章之后便满足于说："卢梭这么说真是让人惊讶，这不符合他的感觉。"可是卢梭心中的感觉也许有好几种。

为了理解卢梭思想的那个或者那些指向，我们心中或许应该始终想着他在运思时所支持或者反对的那些群体，即哪些人让他同情，哪些人让他反感。

---

* 塞莱斯坦·布格莱（Célestin Bouglé, 1870—1940），法国哲学家，社会学家。

巴施先生指出，要理解一名哲学家，首先应该考虑其感觉，这一点我同意。但我不同意他对感觉的界定。它不是个人在面对自然时的单一反应：比之思想，在感觉中更有社会影响的参与。

我这里仅仅罗列一下，卢梭反感的群体是：上流社交界、启蒙思想家与国王。他同情的群体是：加勒比人*、斯巴达人，还有日内瓦人。

分析这些群体所引起的感觉，我们可以轻易地发现卢梭的核心感觉，事实上这首先就是民主主义的感觉：这是一个想要平等与自由的人的感觉。

关于自由，您已经着重讲了很多，这很有道理。假如时间允许的话，我想要强调的是平等，因为如果说他想要构建这样的社会契约，那是为了所有人，所有契约签订人都重新获得一种在自由方面的平等。

因此我们不应满足于说，当卢梭的国家建起来时，他使个人拜倒于一种实现了新利维坦的实体面前。卢梭的国家的确是一种崭新的、独特的（sui generis）实体，是某种综合的产物，这就是为何涂尔干在其有幸发表于《形而上学与伦理学杂志》（*Revue de Métaphysique et de Morale*）上的课程中也能将卢梭拉到自己一方的原因。

我们只需从头开始。人们并未被要求拜倒于这个国家面前，因为如果说国家的集体利益有别于个人利益的话，第二卷第十一章已表明，整体利益，永远就是所有人的利益，就是个体的平等与自由。

所以，他不认为要放弃个人权利，而是要尽可能地保留。当然，在第二卷第四章中，只有国家能裁断它应给予什么，保留什么；但我们要记得，在紧接下来的一章里，卢梭告诉我们，实际上留给独立自主的余地还很大。

至此，我们发现他费了很大的气力，就是为了说服自己相信，甚至在他的体系中也存有独立自主的余地。但为了弄明白他是否真的坚定

---

* 加勒比人（Caraïbes），拉丁美洲印第安人的一支，见卢梭《论不平等》。

不移，是否考虑周全，我们还应该区分自由的两种意义：自律的自由与独立的自由。

“自由乃是服从人们制定的法律。”卢梭在写完《社会契约论》之后说。从此，他标举的是自律的自由。但他并没有忘却他在《论文》* 中所宣扬的森林里的野蛮人和群山中的赫尔维西亚人** 的独立的自由。

重读《爱弥儿》，我们发现，甚至在写完《社会契约论》之后，独立的自由依然在卢梭心中有着重要地位。卢梭让爱弥儿四处游历，让爱弥儿尽可能地身处社会之外。到最后，受他监护的爱弥儿看起来好像一个没有祖国的人；他超然于纷争之上；社会的环境已经早就让他畏缩了。那个导师不得不对他说：“没有人一点都不受恩于自己的祖国。”并试着让他与俗世和解。我们要说，爱弥儿的灵魂好像是一个被抓住的气球，带有一股向上升腾的强大力量。

总之，这个爱弥儿，这个无政府主义的候选人，卢梭将会作一番努力使之回归到《社会契约论》的框架下。归根结底，在卢梭那里有两种强烈的感觉，有两种自由的感觉，尽管他作了有系统的构建工作，但在调和二者的时候还是遇到了一些困难。

雷蒙·勒努瓦先生***：让—雅克·卢梭的面容过于复杂、过于微妙了，这让历史学家有些为难。研究掩盖了原著。我们应该坚决撇开当代一切艰深的研究，而转向如贝尔纳丹·德·圣—皮埃尔那样与卢梭相识的人。我们也应该请教卢梭本人。我想，我可以来谈谈卢梭，因为我已经花了许多年时间来研究18世纪，有了一些完成与未竟的著作（这些著作也终有一天会出版的）。比之文本，卢梭的思想同样在，并且

* 指第二篇《论文》，即《论不平等》。

** 赫尔维西亚人（Helvète）是公元前一世纪时生活在瑞士高原的凯尔特人部落。

*** 雷蒙·勒努瓦（Raymond Lenoir, 1890—1972），法国哲学家。

更在瑞士的风光中，在罗曼维尔，在埃默农维尔*之中（热拉尔·德·奈瓦尔**曾在这里探索一种关于年轻女子舞蹈的理论）。19世纪对卢梭思想所作出的所有评论都屈从于由大革命积累起来的激情。

如果回到路易十五时代并忠于卢梭的言论，那篇文章就会恰如其分地呈现于我们面前，下面的这个宣言也会凸显出来，成为中心："音乐于我就如同面包一样必不可少。"这种对面包与音乐的同等需要主宰了整部作品。位于其根基的，不是概念，而是韵律。

对卢梭来说幸运的是，他所生活的那个社交界向他展示了什么才是理性，这矫正了他的外省习气（迪佐***如是说）。他与丰丹内勒相遇。在《乡村占卜师》（*Devin de Village*）中他吸收了丰丹内勒的思想。从丰丹内勒那里，他也明白了孔狄亚克著作的意味，并知道了对于一个并不畏惧把哲学思想与戏剧写作艺术结合在一起的人来说，其著作是如何进行自我约束的。"要和学者多讲理，但和人民永远不要。"卢梭本人解释了在此处刚刚被强调的这个说法。他用另一句话修改了前面的供词："当人们开始推理时就不再感觉。"有人认为，他的理性（到了爱与人辩理的程度），是为了文雅的社交界；他所有的善感性则是为了大众。他著作与生活中所有可能出现的分歧都源于此。

卡西勒先生致力于运用这些观念；他确实阐明了卢梭的重心所在：在卢梭思想互不相容的诸多表象之下，在其自相矛盾之下，仍然有一个观念是属丰丹内勒所有，是属18世纪全法国和所有文明国家（我指的是这些国家通行我们的语言）所有，这就是进步观念。

从第一篇《论文》起，就已经出现了贯穿所有著作的观念：可完

---

* 罗曼维尔（Romainville）和埃默农维尔（Ermenonville）是巴黎附近的两个地区名，后者是卢梭度过生命中最后时光的地方。

** 热拉尔·德·奈瓦尔（Gérard de Nerval, 1808—1855），法国浪漫主义诗人，翻译家。

*** 迪佐（Dussaulx, 1728—1799），法国作家。

善性。而这是为了成为一个人，是为了获得自由与正义。在这里就预订充满活力与言语的自由与正义，会带来太长时间的魂牵梦绕。内在(l'être intérieur)，这难道不是预见了康德和莱辛(以一种更为敏锐和真实的意义)的内在么？这内在也正是人性与个人生命的起源，这个起源扮演着艺术家与工匠的角色，其冲动和本能之暴烈足以将整个自然(la nature)裹胁而去，而其作为主宰生命的内核又是富有创造性的，难道不是这样么？

困难由此产生了。为了超越孔狄亚克，却走上另一个完全不同、更接近于生命的方向，这个方向也就是卢梭曾经大致描绘过的一种主动哲学。这种哲学有可能调和理性与表现为诉诸良心的善感性。更何况卢梭没有界定这些概念；他预先就坦率地说过，他将一会儿用这个词，一会儿又用另一个，与其说是为了表达一种思想，不如说是为了表达一种感觉的集合体。也许正是因为这种不精确，卢梭对此时正在探询人性问题的德国产生了影响。也正是因为这个原因，他在不断转型的欧洲之中，预见到改革必将来临，这场改革不单在法国，也不单在英国，而是在生命的感觉被驯化得已经服从语词那无刻不在的力量的一切地方。

如果我们无法调和颉颃的趋势，那是因为卢梭所生活的时代已经不再有法式花园的美妙布局。这里有很多树木，有很多条路。但是我认为，就像在那个世纪末的公园里一样，所有的道路都通往一座环形的神殿，这座神殿结构谨严，那是因为它受惠于古希腊文明。

卡西勒先生：我尊敬的同行巴施先生反对我的报告，对此我只能毫无保留地表示欢迎；在某种意义上，我甚至还要支持这种反对。在我的陈述中确实只涉及了思想家卢梭；所有与卢梭作为艺术家有关的因素都被完全置于幕后，被不可容忍地忽视了。对于这样的忽略，我的理由只有一个：卢梭的这一面相并没有逃过我的眼睛，但我绝不愿以浮光掠影的方式触及整体的这一面相。发言的时间有限，我要有所取舍。先生们，我决定宁愿粗暴一些，也不用过于冗长来考验诸位的耐心。然而我要冒昧地在此指出，提交给哲学学会的概述只是一项更为深入的论文的十分简要的节录。《哲学史档案》(*Archiv für Geschichte der Philosophie*)不久将发表这篇论文，题目是《让—雅克·卢梭问题》。如果可以，尊敬的巴施先生，文章刊登出来以后请您一读，您肯定会在文中看到，您反对我关于卢梭的看法在那里马上会有回应，您也会看到，我绝不是不认可您反对的意义。

然而，是否有可能——以及是否有必要——因为卢梭没有留下严密的哲学体系，就把他仅仅看作一个小说家？法盖在其关于18世纪的著作中已经采用了这种看法，此后也经常有人这样看。可是，尤其是历史学家如果这么做，就会陷入左右为难的境地，就会碰到思想史中一个奇怪的悖论，一个十足的异常。因为卢梭思想对整个18世纪的影响是毋庸置疑的。在此我不想贸然长篇大论卢梭对18世纪法兰西思想的影响；先生们，此处我不得不在一个你们当中的许多人很可能比我本人要熟悉得多的领域里冒险。但在德国，同样的事实摆在我们面前。康德对卢梭的敬重与崇拜不仅仅有所有研究他的历史学家来作证，不仅仅有许多他的传记细节来证实；——我们知道，康德书房里唯一的装饰就是卢梭的画像；——而且对于后者，我们还有他本人清楚明了的证词。他亲口说过，卢梭是“指引他”的第一人，对他思想的基本取向有着决定性影响。难道真的只是一个“小说家”就能对18世纪最深刻的思想家产生如此影响么？只是一些不能自圆其说的概述和简简单单的直觉就足以如此深入这一18世纪的哲学思想，深入其有系统的形式和论证中么？我重申：我，同样不把卢梭当作严谨的哲学体系设计师。因为，要完成此种事业，应具有概念分析的能力与严密的概念论证的禀赋，而这些卢梭却从未拥有过。可是一切思想的统一性真的只系于其系统严密的表述形式么？难道不恰恰是18世纪，在不厌其烦地阐明其所承认的在“系统精神”(l’esprit de système)与“有系统的精神”(l’esprit systématique)之间的区别么?在我看来,我们不能完全否认,卢梭正属于后者。卢梭思想的内部有一种严密得多的融贯,一种紧密得多的联结,这是一场演讲所说不出来的,而许多不够紧密的关系也使得这种融贯与联结无法一望即知。卢梭思想建立在坚实的基础之上,即使这个基础并非只是逻辑的,即使我们不可能将卢梭的伦理信念与宗教信念分开,不可能将他的自然感觉与生命的原初感觉分开。我认为,卢梭思想的统一性正是源于这信念的统一性与感觉的统一性,在我看来,卢梭的思想肯定具有统一性,我试图用其著作来证明这一点。照我的判断,即使其著作的形式也并不与这种统一性相矛盾。卢梭的《论不平等》真的就只是一部历史学与人种学小说,《社会契约论》真的就只是一部社会学与政治学小说,《爱弥儿》真的就只是一部教育学小说吗?在其每部作品当中,在诸多关系之下,不都蕴含着一个明晰、原创,同时也是根本性的理论么?这种理论难道没有以最严谨的方式影响历史学、政治学与教育学中最普遍的观念?思想家卢梭与艺术家卢梭当然是合于一人之身的。但我们能够由此就否认其著作在现实实在和观念内容上的独立性么?如果说艺术家卢梭始终藏身于理论家卢梭身后,总是若隐若现——对此我绝不怀疑——那么,反向的关系不也同样是有道理的么?甚至《新爱洛漪丝》从其整体来看也不仅仅是一部“小说”那么简单。它的成就不单单是“文学上的”,其缺陷只是表现在纯粹的艺术与美学观点方面。但卢梭想写的不只是一部激情之作:这幅激情的画卷,通过它,卢梭想表达自己对自然与人类命运的总体看法。尽管这位思想家无处不是一位艺术家,但即使在他吟诗时,他也仍是一名理论家,一名感觉的哲学家。他所做的不仅仅是描写与创作:在最炽热的描述中,他提出了明确的诉求,也明确提出了理论与实践律令。正是通过将两种元素混合在一起,卢梭最强烈地震撼了他那个时代的人们,对他们产生了最强有力的影响:卢梭给他们指派了一项从未如此清晰可见的工作。从他的学说衍生出两股截然不同的精神与思想潮流：一股是在德国，从天才时期、狂飙突进运动、哈曼* 和赫尔德** 导向歌德笔下的维特，导向浪漫主义；另一股通向法国大革命的政治学说，也通向康德的伦理学与历史哲学。

如果我没有弄错的话，源自卢梭的这种双重的演变并非纯粹只是思想史上的偶然，它是深深扎根于其学说的本质自身之中，扎根于其对感觉的概念及其捍卫与宣扬感觉的方式之中的。卢梭不仅仅是感觉的充满激情的先驱、辩护者和使徒；而且从哲学的观点来看，经其努力最为重要与最富原创性的成果之一乃是赋予"感觉"一词十分明晰的意义，由此也就给了它一种崭新的力量，而之前人们含糊不清地用它来指五花八门的精神状态，从"品味"的最微妙的反应，到最深刻的道德与宗教力量。如果我们试图通过明确的概念来确定这种意义，那我们就会意外地发现，至今所有研究卢梭的著作对此都没有足够明确清晰的阐发，也一点都没有认识到它的价值。卢梭是在两种不同的意思上使用"感觉"一词的，二者当然互相关联，但仍截然有别。他对感觉采取的是双重的方式，双重的"形式"（modalité）；他用一个构造其自然观念，另一个来构造伦理的、政治的与社会的世界。如果说卢梭诉诸感觉的原始力量，并用崇尚感觉来反抗纯然理智能力的文化，那么他在感觉中看到的是一种双重的力量：一种完全被动，另一种主动创造；通过一种，灵魂取决于外界，通过另一种，灵魂以独立和原始的方式自己决定自己。感觉表现出纯粹的接受性，也同样表现出纯粹的自发性。后者在对自然的体验中占主导地位。因为要理解自然，我们不得不将自己置于其生成的中心与真正的源头。17和18世纪数学与逻辑的精神已将自然变成了一架简单的机械。而卢梭重新发现了其灵魂。他用自己

* 哈曼（Hamann, 1730—1788），德国哲学家。

** 赫尔德（Herder, 1744—1804），德国哲学家。

自然而然生出的对自然的概念，来反对霍尔巴赫的自然“体系”那抽象的形式主义与模式论。他通过这种概念找到了有着充沛形式与生机的真正的自然之路。人们要想理解这种充沛，只有直接投身于它。同样，被动性，即满足于自然不停地倾泻给我们的千万种印象，在这里也成为真正享受的源泉与获得真正理解的条件。但当不再涉及用感觉来复活自然以理解自然的生机，而是相反，要去构造人类特有的世界，要去组织社会与政治的一片天地时，人类需要另一种形式的感觉。不再诉诸被动的天赋，不再诉诸被动服从；这一新感觉是自动的，是对自由的纯粹感觉。在这个领域里，感觉的力量是一种完全由自己决定自己的力量。只凭借逻辑推理，这种力量是不能被证明的（“启蒙思想家”所说的“证明”）。自身察觉不到它的人也无法通过任何论证来获得它。它是原始的、直接的。可它却展示了自我那直接、原始的自发性，这个自我不能将其行为的最深处的冲动建立于外在的制度上，而是要在自身中找到这种冲动。卢梭用“感觉”一词来指以上两种元素，一种主动自发，另一种被动接受。但在分析其学说严格的概念意义时，我们不应被卢梭使用这同一个词所困扰，而是要在其根本意义上领会于此处结合起来的同一名称下的不同元素，然后尽力保持它们在这种意义上的区别。

尊敬的巴施先生，我希望以上所说至少表明我并非轻视您的反对的价值。在研究像卢梭这样复杂与难解的思想家时，所有一刀切的方式都是不妥当的——为简洁起见，我在演讲中只提到其中几种方式。可是我要承认，在对您的反对意见再三斟酌之后，我仍然深信在卢梭其人与其思想之中并无根本矛盾，尽管多重性以及不同概念元素的表面分歧也是有的。虽然在有系统的表述与有系统的论证之中有种种缺陷，但我还是确信这两个方面构成一个真正的整体，是浑圆一体的。——先生们，会议已经很长，大家也都应很疲惫了。请理解并原谅我不愿再考验诸位的耐心，因此对于布格莱与吉尔松先生宝贵、重要的评论，我只作十分简要的回应。布格莱先生，非常高兴，就算我们在解释卢梭的细节上有所不同，我至少完全同意他对所有历史解释中的方法问题的正确看法。和他一样，我也认为，将我们在伟大思想家的著作中所遇到的一切对立与内在紧张都解释成简单的逻辑错误，说成是真正的矛盾，这种方法毫无意义。这样的对立不单单是卢梭才有，诸多远比他要严谨得多、融贯得多的思想家也是一样。而在这些对立之中总是呈现出一种真正的“相反相成”（coincidentia oppositorum），我想要证明，卢梭的著作也同样如此。我认为，在解释卢梭学说的表面矛盾时将之简化为只是卢梭生活与性格中他自身的矛盾，这样做至少不会给人什么启发。在如卢梭这般复杂、丰富和多变的思想家那里，其思想内部的统一性确实并非彰明较著。要寻找这种统一性，就要多绕些圈子。但和布格莱先生一样，我相信，只要找对地方，就能够找到它。如果我没有弄错的话，至今为止对卢梭的解释中经常犯的错误便是将其性格与生活中的矛盾塞进他的学说里。而狄德罗本人——这位证人并非无足轻重——已经提醒我们要防范这种危险。关于这一点，在他和索菲·沃兰* 的通信中有一段就很能说明问题。索菲·沃兰在给狄德罗的一封信中说道，在读《爱弥儿》的时候，她总是不停地感到自己对卢梭其人有所抵触而读不下去。狄德罗此时已与卢梭绝交多年，却反对这种评判方式；他回信说，不应让作者广为人知的弱点压倒其著作，而是要尽可能不带偏见地审视，要完全不偏不倚地评判其著作的内容。卢梭的解释者并不总是对这条审慎的建议与警告足够重视。他们用作者的弱点与缺陷来指责其著作。

关于吉尔松先生的发言，非常感谢他让我们注意到一个我只是因为时间有限而不得已在演讲中略去不谈的问题。和他一样，我也认为

* 索菲·沃兰（Sophie Volland, 1725—1784），狄德罗的情妇，与狄德罗有大量书信往来。

了解卢梭与孔狄亚克的关系对理解与解释其学说是非常重要和富有成效的。然而恰恰是对这种关系更为深入的研究从一个新的角度确认了我所得出的结论。是谁让卢梭向孔狄亚克靠拢；又是谁把他们分开？到哪儿为止他还在追随孔狄亚克的学说，又是在哪儿他将之抛弃了？《爱弥儿》清楚、明确地回答了这个问题。只要是涉及构造“外部”经验，涉及认识诸多自然（physiques）事实及其之间的关系，卢梭就运用和持有孔狄亚克的假说。在这一点上他绝对遵循认识上的感觉主义学说。人类理解外部世界，只能是一个接一个地接受其局部的决定，而这种接受只能经由感官来实现。同样，卢梭在《爱弥儿》中一步一步地提升他的学生，从“具体”到“抽象”，从“感官”到“理智”。然而这种方法既无法解释，也不能构造内在世界。在这里，一切与我们周围的机械变化的类比都失效了；孔狄亚克学说用来贯穿所有意识内容和所有心理变化的“联想”的那条线索断了。在这里，卢梭与一切感觉主义的决裂不可避免；而完成这一决裂的不是研究认知的理论家卢梭，而是道德家卢梭。他认为，单在感觉之中是找不到道德主体的意义的。要理解它，应该追溯至原始的主动性，而不应执着于简单的被动性。表现出自我真正本性的只有意志，而不是认知：只有在意志中才显现出自我的充盈与深刻。卢梭同样用感觉一词来指自我实际意识的这种形式。但此处感觉与感官知觉是显然不同的。“意识所做的不是判断，而是感觉；尽管我们所有的观念都来自外界，但衡量这些观念的感觉却在我们自身之中，只有通过这些感觉，我们才能得知我们与我们所应该追寻或规避的事物之间的关系是相合或不合的。”* 卢梭的感觉学说到此处才得圆满。因为现在感觉远远高于被动的“印象”，高于纯然的感官知觉；它将判断、评估和选择的纯然主动性吸纳到自身之中。

先生们，我就此结束关于我的演讲的讨论吧，已经很晚了，恕我不

* 译文参考中译本第416页。

能回答勒努瓦先生最后的评论。但结束之前我一定要向莱昂先生，也向哲学学会的成员们致以最真挚的谢意，感谢你们对我如此尊敬与细致周到。我不会忘记和你们在一起度过的时光，我希望继续思考并运用这次讨论中特别给我提出的所有重要建议。

译后记

感谢何兆武先生帮我解决了书中涉及法语和德语的若干问题，感谢我的老师彭刚先生不厌其烦地为我答疑解惑，并纠正了译文中的许多错误，从而使得翻译此书对我来说更是一次难得的学习。另外，与黄颖、梁爽、张可力和Sylvain Morestin等朋友的讨论也让我体会到“疑义相与析”的快乐。没有他们的帮助，翻译《卢梭问题》于我便是不可能完成的任务。不消说，译文中肯定还有不少漏网的错误，这自然要由译者来负责，也恳请读者批评指正。

王春华

2007年9月16日

人文与社会译丛

第一批书目

1.《政治自由主义》(增订版),[美]J. 罗尔斯著,万俊人译　118.00 元
2.《文化的解释》,[美]C. 格尔茨著,韩莉译　89.00 元
3.《技术与时间:1. 爱比米修斯的过失》,[法]B. 斯蒂格勒著,裴程译　62.00 元
4.《依附性积累与不发达》,[德]A. G. 弗兰克著,高铦等译　13.60 元
5.《身处欧美的波兰农民》,[美]F. 兹纳涅茨基、W. I. 托马斯著,张友云译　9.20 元
6.《现代性的后果》,[英]A. 吉登斯著,田禾译　45.00 元
7.《消费文化与后现代主义》,[英]M. 费瑟斯通著,刘精明译　14.20 元
8.《英国工人阶级的形成》(上、下册),[英]E. P. 汤普森著,钱乘旦等译　168.00 元
9.《知识人的社会角色》,[美]F. 兹纳涅茨基著,郏斌祥译　49.00 元

第二批书目

10.《文化生产:媒体与都市艺术》,[美]D. 克兰著,赵国新译　49.00 元
11.《现代社会中的法律》,[美]R. M. 昂格尔著,吴玉章等译　39.00 元
12.《后形而上学思想》,[德]J. 哈贝马斯著,曹卫东等译　58.00 元
13.《自由主义与正义的局限》,[美]M. 桑德尔著,万俊人等译　30.00 元

14.《临床医学的诞生》,[法]M. 福柯著,刘北成译 55.00元
15.《农民的道义经济学》,[美]J. C. 斯科特著,程立显等译 42.00元
16.《俄国思想家》,[英]I. 伯林著,彭淮栋译 35.00元
17.《自我的根源:现代认同的形成》,[加]C. 泰勒著,韩震等译 128.00元
18.《霍布斯的政治哲学》,[美]L. 施特劳斯著,申彤译 49.00元
19.《现代性与大屠杀》,[英]Z. 鲍曼著,杨渝东等译 59.00元

第三批书目

20.《新功能主义及其后》,[美]J. C. 亚历山大著,彭牧等译 15.80元
21.《自由史论》,[英]J. 阿克顿著,胡传胜等译 89.00元
22.《伯林谈话录》,[伊朗]R. 贾汉贝格鲁等著,杨祯钦译 48.00元
23.《阶级斗争》,[法]R. 阿隆著,周以光译 13.50元
24.《正义诸领域:为多元主义与平等一辩》,[美]M. 沃尔泽著,褚松燕等译 24.80元
25.《大萧条的孩子们》,[美]G. H. 埃尔德著,田禾等译 27.30元
26.《黑格尔》,[加]C. 泰勒著,张国清等译 135.00元
27.《反潮流》,[英]I. 伯林著,冯克利译 48.00元
28.《统治阶级》,[意]G. 莫斯卡著,贾鹤鹏译 98.00元
29.《现代性的哲学话语》,[德]J. 哈贝马斯著,曹卫东等译 78.00元

第四批书目

30.《自由论》(修订版),[英]I. 伯林著,胡传胜译 69.00元
31.《保守主义》,[德]K. 曼海姆著,李朝晖、牟建君译 58.00元
32.《科学的反革命》(修订版),[英]F. 哈耶克著,冯克利译 58.00元

33.《实践感》,[法]P. 布迪厄著,蒋梓骅译 75.00 元
34.《风险社会:新的现代性之路》,[德]U. 贝克著,张文杰等译 58.00 元
35.《社会行动的结构》,[美]T. 帕森斯著,彭刚等译 80.00 元
36.《个体的社会》,[德]N. 埃利亚斯著,翟三江、陆兴华译 15.30 元
37.《传统的发明》,[英]E. 霍布斯鲍姆等著,顾杭、庞冠群译 68.00 元
38.《关于马基雅维里的思考》,[美]L. 施特劳斯著,申彤译 78.00 元
39.《追寻美德》,[美]A. 麦金太尔著,宋继杰译 68.00 元

第五批书目

40.《现实感》,[英]I. 伯林著,潘荣荣、林茂译 30.00 元
41.《启蒙的时代》,[英]I. 伯林著,孙尚扬、杨深译 35.00 元
42.《元史学》,[美]H. 怀特著,陈新译 89.00 元
43.《意识形态与现代文化》,[英]J. B. 汤普森著,高铦等译 68.00 元
44.《美国大城市的死与生》,[加]J. 雅各布斯著,金衡山译 78.00 元
45.《社会理论和社会结构》,[美]R. K. 默顿著,唐少杰等译 128.00 元
46.《黑皮肤,白面具》,[法]F. 法农著,万冰译 58.00 元
47.《德国的历史观》,[美]G. 伊格尔斯著,彭刚、顾杭译 58.00 元
48.《全世界受苦的人》,[法]F. 法农著,万冰译 17.80 元
49.《知识分子的鸦片》,[法]R. 阿隆著,吕一民、顾杭译 45.00 元

第六批书目

50.《驯化君主》,[美]H. C. 曼斯菲尔德著,冯克利译 68.00 元
51.《黑格尔导读》,[法]A. 科耶夫著,姜志辉译 98.00 元
52.《象征交换与死亡》,[法]J. 波德里亚著,车槿山译 68.00 元
53.《自由及其背叛》,[英]I. 伯林著,赵国新译 48.00 元

54.《启蒙的三个批评者》,[英]I. 伯林著,马寅卯、郑想译 48.00 元
55.《运动中的力量》,[美]S. 塔罗著,吴庆宏译 23.50 元
56.《斗争的动力》,[美]D. 麦克亚当、S. 塔罗、C. 蒂利著,李义中等译 31.50 元
57.《善的脆弱性》,[美]M. 纳斯鲍姆著,徐向东、陆萌译 55.00 元
58.《弱者的武器》,[美]J. C. 斯科特著,郑广怀等译 82.00 元
59.《图绘》,[美]S. 弗里德曼著,陈丽译 49.00 元

第七批书目

60.《现代悲剧》,[英]R. 威廉斯著,丁尔苏译 45.00 元
61.《论革命》,[美]H. 阿伦特著,陈周旺译 59.00 元
62.《美国精神的封闭》,[美]A. 布卢姆著,战旭英译,冯克利校 68.00 元
63.《浪漫主义的根源》,[英]I. 伯林著,吕梁等译 49.00 元
64.《扭曲的人性之材》,[英]I. 伯林著,岳秀坤译 22.00 元
65.《民族主义思想与殖民地世界》,[美]P. 查特吉著,范慕尤、杨曦译 18.00 元
66.《现代性社会学》,[法]D. 马尔图切利著,姜志辉译 32.00 元
67.《社会政治理论的重构》,[美]R. J. 伯恩斯坦著,黄瑞祺译 72.00 元
68.《以色列与启示》,[美]E. 沃格林著,霍伟岸、叶颖译 128.00 元
69.《城邦的世界》,[美]E. 沃格林著,陈周旺译 85.00 元
70.《历史主义的兴起》,[德]F. 梅尼克著,陆月宏译 48.00 元

第八批书目

71.《环境与历史》,[英]W. 贝纳特、P. 科茨著,包茂红译 25.00 元
72.《人类与自然世界》,[英]K. 托马斯著,宋丽丽译 35.00 元

73.《卢梭问题》,[德]E. 卡西勒著,王春华译 39.00 元
74.《男性气概》,[美]H. C. 曼斯菲尔德著,刘玮译 28.00 元
75.《战争与和平的权利》,[美]R. 塔克著,罗炯等译 25.00 元
76.《谁统治美国》,[美]W. 多姆霍夫著,吕鹏、闻翔译 35.00 元
77.《健康与社会》,[法]M. 德吕勒著,王鲲译 35.00 元
78.《读柏拉图》,[德]T. A. 斯勒扎克著,程炜译 68.00 元
79.《苏联的心灵》,[英]I. 伯林著,潘永强、刘北成译 59.00 元
80.《个人印象》,[英]I. 伯林著,林振义、王洁译 35.00 元

第九批书目

81.《技术与时间:2. 迷失方向》,[法]B. 斯蒂格勒著,
赵和平、印螺译 59.00 元
82.《抗争政治》,[美]C. 蒂利、S. 塔罗著,李义中译 28.00 元
83.《亚当·斯密的政治学》,[英]D. 温奇著,褚平译 21.00 元
84.《怀旧的未来》,[美]S. 博伊姆著,杨德友译 85.00 元
85.《妇女在经济发展中的角色》,[丹]E. 博斯拉普著,陈慧平译 30.00 元
86.《风景与认同》,[美]W. J. 达比著,张箭飞、赵红英译 68.00 元
87.《过去与未来之间》,[美]H. 阿伦特著,王寅丽、张立立译 58.00 元
88.《大西洋的跨越》,[美]D. T. 罗杰斯著,吴万伟译 108.00 元
89.《资本主义的新精神》,[法]L. 博尔坦斯基、E. 希亚佩洛著,
高铦译 58.00 元
90.《比较的幽灵》,[美]B. 安德森著,甘会斌译 79.00 元

第十批书目

91.《灾异手记》,[美]E. 科尔伯特著,何恬译 25.00 元

92.《技术与时间:3. 电影的时间与存在之痛的问题》,
[法]B. 斯蒂格勒著,方尔平译 65.00 元
93.《马克思主义与历史学》,[英]S. H. 里格比著,吴英译 78.00 元
94.《学做工》,[英]P. 威利斯著,秘舒、凌旻华译 68.00 元
95.《哲学与治术:1572—1651》,[美]R. 塔克著,韩潮译 45.00 元
96.《认同伦理学》,[美]K. A. 阿皮亚著,张容南译 45.00 元
97.《风景与记忆》,[英]S. 沙玛著,胡淑陈、冯樨译 78.00 元
98.《马基雅维里时刻》,[英]J. G. A. 波考克著,冯克利、傅乾译 108.00 元
99.《未完的对话》,[英]I. 伯林、[波]B. P. -塞古尔斯卡著,
杨德友译 65.00 元
100.《后殖民理性批判》,[印]G. C. 斯皮瓦克著,严蓓雯译 79.00 元

第十一批书目

101.《现代社会想象》,[加]C. 泰勒著,林曼红译 45.00 元
102.《柏拉图与亚里士多德》,[美]E. 沃格林著,刘曙辉译 78.00 元
103.《论个体主义》,[法]L. 迪蒙著,桂裕芳译 30.00 元
104.《根本恶》,[美]R. J. 伯恩斯坦著,王钦、朱康译 78.00 元
105.《这受难的国度》,[美]D. G. 福斯特著,孙宏哲、张聚国译 39.00 元
106.《公民的激情》,[美]S. 克劳斯著,谭安奎译 49.00 元
107.《美国生活中的同化》,[美]M. M. 戈登著,马戎译 58.00 元
108.《风景与权力》,[美]W. J. T. 米切尔著,杨丽、万信琼译 78.00 元
109.《第二人称观点》,[美]S. 达沃尔著,章晟译 69.00 元
110.《性的起源》,[英] F. 达伯霍瓦拉著,杨朗译 85.00 元

第十二批书目

111.《希腊民主的问题》,[法]J. 罗米伊著,高煜译 48.00 元
112.《论人权》,[英]J. 格里芬著,徐向东、刘明译 75.00 元
113.《柏拉图的伦理学》,[英]T. 埃尔文著,陈玮、刘玮译 118.00 元
114.《自由主义与荣誉》,[美]S. 克劳斯著,林垚译 62.00 元
115.《法国大革命的文化起源》,[法]R. 夏蒂埃著,洪庆明译 38.00 元
116.《对知识的恐惧》,[美]P. 博格西昂著,刘鹏博译 38.00 元
117.《修辞术的诞生》,[英]R. 沃迪著,何博超译 48.00 元
118.《历史表现中的真理、意义和指称》,[荷]F. 安克斯密特著,周建漳译 58.00 元
119.《天下时代》,[美]E. 沃格林著,叶颖译 78.00 元
120.《求索秩序》,[美]E. 沃格林著,徐志跃译 48.00 元

第十三批书目

121.《美德伦理学》,[新西兰]R. 赫斯特豪斯著,李义天译 68.00 元
122.《同情的启蒙》,[美]M. 弗雷泽著,胡靖译 48.00 元
123.《图绘暹罗》,[美]T. 威尼差恭著,袁剑译 58.00 元
124.《道德的演化》,[新西兰]R. 乔伊斯著,刘鹏博、黄素珍译 65.00 元
125.《大屠杀与集体记忆》,[美]P. 诺维克著,王志华译 78.00 元
126.《帝国之眼》,[美]M. L. 普拉特著,方杰、方宸译 68.00 元
127.《帝国之河》,[美]D. 沃斯特著,侯深译 76.00 元
128.《从道德到美德》,[美]M. 斯洛特著,周亮译 58.00 元
129.《源自动机的道德》,[美]M. 斯洛特著,韩辰锴译 58.00 元
130.《理解海德格尔:范式的转变》,[美]T. 希恩著,邓定译 89.00 元

第十四批书目

131.《城邦与灵魂:费拉里〈理想国〉论集》,[美]G. R. F. 费拉里著,刘玮编译 58.00 元
132.《人民主权与德国宪法危机》,[美]P. C. 考威尔著,曹晗蓉、虞维华译 58.00 元
133.《16 和 17 世纪英格兰大众信仰研究》,[英]K. 托马斯著,芮传明、梅剑华译 168.00 元
134.《民族认同》,[英]A. D. 史密斯著,王娟译 55.00 元
135.《世俗主义之乐:我们当下如何生活》,[英]G. 莱文编,赵元译 58.00 元
136.《国王或人民》,[美]R. 本迪克斯著,褚平译(即出)
137.《自由意志、能动性与生命的意义》,[美] D. 佩里布姆著,张可译 68.00 元
138.《自由与多元论:以赛亚·伯林思想研究》,[英]G. 克劳德著,应奇等译 58.00 元
139.《暴力:思无所限》,[美]R. J. 伯恩斯坦著,李元来译 59.00 元
140.《中心与边缘:宏观社会学论集》,[美]E. 希尔斯著,甘会斌、余昕译 88.00 元

第十五批书目

141.《自足的世俗社会》,[美]P. 朱克曼著,杨靖译 58.00 元
142.《历史与记忆》,[英]G. 丘比特著,王晨凤译 59.00 元
143.《媒体、国家与民族》,[英]P. 施莱辛格著,林玮译 68.00 元
144.《道德错误论:历史、批判、辩护》,

[瑞典]J. 奥尔松著，周奕李译　58.00 元
145.《废墟上的未来：联合国教科文组织、世界遗产与和平之梦》，[澳]L. 梅斯克尔著，王丹阳、胡牧译　88.00 元
146.《为历史而战》，[法]L. 费弗尔著，高煜译（即出）
147.《语言动物：人类语言能力概览》，[加]C. 泰勒著，赵清丽译（即出）
148.《我们中的我：承认理论研究》，[德]A. 霍耐特著，张曦、孙逸凡译　62.00 元
149.《人文学科与公共生活》，[美]P. 布鲁克斯编，余婉卉译（即出）
150.《美国生活中的反智主义》，[美]R. 霍夫施塔特著，何博超译　68.00 元

第十六批书目

151.《关怀伦理与移情》，[美]M. 斯洛特著，韩玉胜译　48.00 元
152.《形象与象征》，[罗]M. 伊利亚德著，沈珂译（即出）
153.《艾希曼审判》，[美]D. 利普斯塔特著，刘颖洁译（即出）
154.《现代主义观念论：黑格尔式变奏》，[美]R. B. 皮平著，郭东辉译（即出）
155.《文化绝望的政治：日耳曼意识形态崛起研究》，[美]F. R. 斯特恩著，杨靖译（即出）
156.《作为文化现实的未来：全球现状论集》，[印]A. 阿帕杜拉伊著，周云水、马建福译（即出）
157.《一种思想及其时代：以赛亚·伯林政治思想的发展》，[美]J. L. 彻尼斯著，寿天艺、宋文佳译（即出）
158.《人类的领土性：理论与历史》，[美]R. B. 萨克著，袁剑译（即出）

159.《理想的暴政:多元社会中的正义》,[美]G. 高斯著,范震亚译(即出)

160.《荒原:一部历史》,[美]V. D. 帕尔马著,梅雪芹译(即出)

有关“人文与社会译丛”及本社其他资讯,欢迎点击 www. yilin. com 浏览,对本丛书的意见和建议请反馈至新浪微博@译林人文社科。